Jack Hayford

Hoffnung für hoffnungslose Tage

HOFFNUNG
für
HOFFNUNGSLOSE
TAGE

Stärkung und Inspiration für Entmutigte

JACK W. HAYFORD

cap-books

Bestell-Nr.: 52 50443
ISBN 978-3-86773-183-6

Alle Rechte vorbehalten
© Deutsche Ausgabe 2013 by cap-books/cap-music
Oberer Garten 8
D-72221 Haiterbach-Beihingen
07456-9393-0
info@cap-music.de
www.cap-music.de

Übersetzung: Ulrike Becker
Umschlaggestaltung: Jan Henkel
Druck: Schönbach-Druck, Erzhausen
Printed in Germany

Originaltitel: Hope for a Hopeless Day
© Copyright 2001/2007 by JACK HAYFORD
Originally published in the U.S.A. by Regal Books,
A Division of Gospel Light Publications, Inc.
Ventura, CA 93006 U.S.A.
All rights reserved

**Zu diesem Buch empfehlen wir das Lied von Heiko Bräuning:
„Euer Herz erschrecke nicht" (Johannes 14,1). Das Lied ist auf
verschiedenen Tonträgern, auch als CD-Card, erschienen.
Noten und Liedtext sind beim Verlag erhältlich.**

Die Bibelzitate sind, wenn nicht anders gekennzeichnet, der Luther-
Bibel entnommen:

(LUT) Die Bibel nach der Übersetzung Martin Luther in der revidier-
ten Fassung von 1984. Durchgesehene Ausgabe in neuer Rechtschrei-
bung, © 1984 Deutsche Bibelgesellschaft, Stuttgart

Weitere Bibelzitate aus:

(GN) Gute Nachricht Bibel, revidierte Fassung, durchgesehene Ausgabe, © 2000 Deutsche Bibelgesellschaft, Stuttgart

(HFA) Hoffnung für alle © 1983, 1996, 2002 by Biblica Inc.™. Übersetzung, Herausgeber und Verlag: Brunnen Verlag, Basel

INHALTSVERZEICHNIS

VORWORT

Hoffnungslose Tage kommen in unserer Welt sehr häufig vor.

Das ist keine Beobachtung eines Zynikers. Das ist nur ehrlich. Sie und ich erleben Dinge, die zu solchen hoffnungslosen Tagen führen. Doch Sie sind nicht allein: Einer hat bereits vor langer Zeit an einem besonderen Tag all das, was uns heute widerfahren kann, durchlebt und überwunden.

Dieses kleine Buch handelt von jenem besonderen und großen Tag. Und es handelt von einem noch größeren Wunder – von der wunderbaren Macht der Worte, die an jenem Tag von dem Einen ausgesprochen wurden, der diesen schlimmsten aller Tage in den Tag verwandelte, der in der englischsprachigen Welt bis heute als der „gute Freitag" bezeichnet wird. Jedes Jahr, wenn der Frühling vor der Tür steht, begehen wir diesen „guten Tag" – zwei Tage vor dem Osterfest. Es ist der Karfreitag.

Es gibt viele Gründe, den Karfreitag als einen guten Tag zu bezeichnen, doch keiner dieser Gründe hat etwas mit dem normalmenschlichen Empfinden von „schön", „fröhlich" oder „angenehm" zu tun. Das „Gute" an diesem Tag liegt darin, dass Gottes Liebesgeschenk an uns Menschen – das ist sein Sohn – dem Tod am Kreuz unterworfen wurde.

Das „Gute" liegt in dem guten Hirten, der sein Leben für seine Schafe lässt. Das „Gute" liegt auch in der Offenbarung des Geheimnisses, dass Gott uns mit der Vergebung unserer Sünden durch das Blut Jesu ewige Hoffnung schenkt.

Und auch wenn es noch weitere Gründe gibt, Karfreitag als einen guten Tag zu bezeichnen, so liefern uns allein die hier genannten Gründe genug Anlass, um jenen Tag „gut" zu nennen.

Doch eigentlich war es ein sehr schlechter Tag. Er war durchzogen von Ereignissen, die denen ähneln, die auch heute schlechte Tage ausmachen – schlimme Dinge, die den Menschen ihre Lebenskraft rauben und ihnen alle Hoffnung und Freude nehmen.

- Es war ein Tag angefüllt mit bitterem Verrat, Lügen und Ungerechtigkeit.
- Es war ein Tag brutaler Gewalt – voller Schläge, Hass, Blut und Tränen, voller Gebrüll, Flüche, Verhöhnung und dem schmutzigem Gelächter eines irregeleiteten Mobs.
- Es war ein Tag der Ablehnung und der Verlassenheit – Freunde, die fliehen, und Feinde, die keine Gnade kennen.

Dieser schreckliche Tag wird gut genannt, weil Jesus an ihm Dinge vollbrachte, die zu einer unerschütterlichen Quelle der *Hoffnung* wurde – einer Hoffnung, die uns rettet, einer Hoffnung, die uns am Leben erhält, einer Hoffnung, die mit uns geht und uns durch alles hindurchzutragen vermag.

Und das liegt allein daran, weil Jesus die Hoffnungslosigkeit überwand, indem er das Joch der

Sünde und des Todes zerbrach. Denn dies sind die beiden Erzfeinde, die immer dort wirken, wo Leben in die Knie gezwungen oder vernichtet wird. Wenn wir Jesus unter dem Kreuz begegnen und dort beschließen, ihm nachzufolgen, werden wir über unsere schlimmen Tage hinauskommen und an den Früchten seines „guten Freitags" teilhaben. Ich schreibe dieses Buch, weil ich weitergeben möchte, was ich aus diesem Tag gelernt habe, dem Tag vor über 2000 Jahren, an dem grauenvolle Finsternis, Donnergrollen und Erdbeben herrschten. Es war der gottloseste Tag der Menschheitsgeschichte, an dem Gott selbst getötet wurde, weil er sich in die Hände seiner Geschöpfe gab. Doch ich habe erfahren, dass dieser Tag wie kein anderer den Schlüssel der Hoffnung in sich birgt, gerade weil er auch unseren schweren Tagen ähnelt. Und ich habe erkannt, dass Jesus genau an diesem Tag Ihnen und mir den Weg bereitet hat, unsere Hoffnungslosigkeit hinter uns zu lassen und mit ihm neue Wege einzuschlagen.

Erlauben Sie mir, von einem Tag in meinem Leben zu erzählen, an dem ich mich vollkommen hoffnungslos fühlte. Äußere Umstände waren damals der Grund für diese Hoffnungslosigkeit, und zusätzlich versuchte eine bösartige Stimme, mir den letzten Rest von Zuversicht zu rauben. Aber ich möchte ihnen auch erzählen, wie mich diese Situation dazu bewegte, den anzurufen, der durch seine Wahrheit unsere hoffnungslosen Tage verwandeln kann.

Kapitel 1

Wenn um uns herum nur Finsternis herrscht

Im Schlafzimmer war es noch stockfinster, als ich am Morgen des 24. Oktobers 2003 meine Augen öffnete. Der digitale Wecker auf meinem Nachttisch zeigte exakt 5:00 Uhr an, was durch das Schlagen der alten Standuhr unten im Wohnzimmer bestätigt wurde. Es war nun genau 33 Stunden her, seit Scott zusammengebrochen war. Es geschah ganz plötzlich – sein Kopf schwoll innerlich mit Blut an, nachdem ein angeborenes Aneurysma geborsten war, und die Blutung quetschte sein Stammhirn bis zur Leblosigkeit. Den Fakten nach war dies der Augenblick seines Todes, auch wenn die Ärzte alles daran setzten, ihn zu retten, und unsere Kirchengemeinde leidenschaftlich für ihren Pastor betete.

Scott Bauer, unser Schwiegersohn, hatte unsere Tochter Rebecca vor 25 Jahre geheiratet und schließlich meine Stelle als Pastor der *Church On The Way* übernommen – jener Gemeinde, der ich 30 Jahre lang als leitender Pastor gedient hatte. Diese Entscheidung war nicht von vornherein vorgezeichnet gewesen – weder Scott noch ich hatten seine Nachfolge beschlossen, auch wenn sich dies anbot, nachdem er mir 11 Jahre lang als zweiter Pastor zur Seite gestanden hatte. Doch unsere Gemeinde wird nicht von den Pastoren, sondern von einem Ältestenrat geführt, auch wenn der Pastor nach außen die Leitung innehat. Daher freute ich mich umso mehr, als die Gemeinde Scott bat, meine Nachfolge zu übernehmen, nachdem Gott mich berufen hatte, das *King's Seminary* zu gründen – eine Ausbildungsstätte, in der hirtliche Leiter auf die Anforderungen des 21. Jahrhunderts vorbereitet werden sollten. Die Gemeinde war unter Scotts Leitung weiter gewachsen. Er war ein höchst begabter Seelenhirte, mit dem Herzen eines Dieners und der Salbung des Heiligen Geistes. Doch das hatte sich nun vor genau 33 Stunden schlagartig geändert.

An diesem denkwürdigen Oktobermorgen 2003 war es genau vier Jahre her gewesen, dass die Gemeinde ihn als leitenden Pastor eingesetzt hatte. Scott war jetzt 49 Jahre alt. Doch um 14:00 Uhr an diesem Nachmittag sollten die medizinischen Geräte, die sein Herz noch am Schlagen hielten, unwiderruflich abgeschaltet werden. Es gab keinerlei Lebenszeichen mehr. Scott, mein „Sohn im gemeinsamen Glauben an Christus", der Mann unseres ältesten Kindes und Vater dreier unserer Enkel, Scott, dem die Ältesten die Hände aufgelegt und ihm zum Dienst als leitender Pastor eingesegnet hatten – Scott lebte nicht mehr wirklich! Die abschließende Handlung, die dies besiegelte, sollte erst am Nachmittag durchgeführt werden, wenn seine Eltern aus Texas eingetroffen waren. Doch im Grunde war Scott schon wenige Stunden nach seinem Zusammenbruch für hirntot erklärt worden.

Es war am Mittwoch im Abendgottesdienst geschehen, der durch den Besuch eines Gastpredigers bereichert worden war. Scott war gerade nach vorne gegangen, um die Gemeinde mit dem Segen zu entlassen, als er einen Moment – scheinbar verwirrt – innehielt. Er wandte sich an Dr. Jack Hamilton vom Gottesdienstteam: „Jack, könntest du bitte den Gottesdienst beschließen." Dann schien er ganz normal die Stufen vom Altar hinabzusteigen. Er hielt sich den Kopf, während er auf seine Frau zuging, die in der ersten Reihe saß. Doch bis zu ihr schaffte er es nicht mehr. Da die Gemeinde sich bereits erhoben hatte, bemerkte fast keiner, wie ihr geliebter Pastor, gestützt und getragen von seinem Sohn Kyle und zwei anderen Männern, den Kirchenraum verließ. Ein paar Minuten später erlangte er noch einmal kurz das Bewusstsein, doch obwohl sofort Sanitäter vor Ort waren und sich um ihn kümmerten, entschwand dieser uns so teure Sohn, Ehemann und Vater in den Abgrund tiefster Bewusstlosigkeit.

Als ich an jenem Morgen um fünf Uhr erwachte, hatte sich an dieser Situation nichts geändert. Und das, obwohl wir so viel gebetet hatten.

Man hatte uns zwar gesagt, dass Scotts Zustand irreversibel sei, trotzdem beteten Tausende von Menschen für ihn. Wir hofften und beteten um ein außergewöhnliches Wunder, ruhten jedoch als seine Familie zugleich in dem Frieden, die richtige Entscheidung getroffen zu haben. Es waren nicht nur die medizinischen Befunde, die diese Handlungsweise geboten, es war auch unser aller Eindruck, dass Scott bereits von uns gegangen war, sodass der medizinische Rat uns weise erschien. Trotzdem hörten wir nie auf zu beten. Ich glaube, ich habe noch nie so viele Gebete zum Himmel steigen sehen wie in dieser Fürbitte für Scott. Aus allen Ecken und Enden erreichte uns die Nachricht, dass für Scott gebetet wurde – eine davon sogar aus dem Büro des Präsidenten George Bush im Weißen Haus. Es war offensichtlich, dass Scott Bauer diese Erde nicht aus Mangel an Gebet oder Glauben verlassen musste. Und wir sind heute gewiss, dass er nicht einen Atemzug weniger getan hat, als Gott ihm auf dieser irdischen Reise zugemessen hat. Doch *diese* Gewissheit kam erst später. Zunächst war da dieser Freitag und ich lag in unserem Schlafzimmer und es war finster – stockfinster.

Auch die Stimme, die mich mit einem unfreundlichen Knurren erreichte, kam aus der Finsternis.

„So also sieht der Segen im Herbst deines Lebens aus!" Es war der bösartigste, hasserfüllteste, düsterste Klang, den ich je vernommen habe. Die Stimme schien „hörbar" zu sein, als käme sie aus dem Raum. Doch ich kannte den Ursprung dieser suggestiven Worte, die sich wie ein Messer in meine Seele bohrten.

Es ist schon riskant zu behaupten, man habe die Stimme Gottes gehört, noch riskanter ist die Andeutung, man habe die Stimme Satans vernommen. Doch ich bin kein mystisch veranlagter Mensch und suche solche Erfahrungen nicht. Allerdings gibt es seltene Gelegenheiten, in denen ich denke, dass Menschen Gottes Wort der Wahrheit und die Realitäten unseres Lebens besser verstehen können, wenn ich ihnen von solchen Begebenheiten in meinem Leben mit Gott erzähle – ein Leben, das stets auf die Bibel gegründet und vom Heiligen Geist durchtränkt war.

Die hasserfüllten, abscheulichen Worte, welche mir mit einer eiskalten Wut entgegengeschleudert wurden, verlangen nach einer Erklärung: Denn diese Stimme spuckte mir Worte ins Gesicht, von denen ich einige Jahre zuvor behauptet hatte, der Vater im Himmel habe sie zu mir gesprochen – welch eine unbeschreibliche Verhöhnung! In jener Nacht war ich 68 Jahre alt. Fast zehn Jahre zuvor hatte unser liebevoller Gott mir deutlich zu verstehen gegeben, dass der Herbst meines Lebens von tiefer Hoffnung und großen Verheißungen begleitet sein würde. Von dem Zeitpunkt an hatten sich diese Verheißungen auf mannigfaltige Weise bestätigt – trotz dieses erschütternden Momentes, den ich nun erlebte. Doch in der Dunkelheit dieses Freitagmorgens versuchte Satan, aus unseren Prüfungen Profit zu schlagen und spuckte Gott ins Angesicht, indem er die großzügigen Pläne und Hoffnungen missbrauchte, die Gott mir zuvor offenbart hatte. Denn Gott hatte gesagt: „Ich will den Herbst deines Lebens segnen."

Wer mich schon predigen gehört hat, weiß, dass der Herbst meine liebste Jahreszeit ist. In ihr wird die Ernte eingebracht. In ihr wird ausgiebig gefeiert. Und die strahlende Schönheit seiner berauschenden Farben ist schlichtweg atemberaubend.

Doch in der Dunkelheit dieses trostlosen Herbstmorgens im Oktober war ich mit dem Wissen konfrontiert, was Scott heute erwarten würde: Die Maschine wird abgeschaltet. Darüber hinaus gab es die Ungewissheit, wie nun alles weiter gehen würde. Und da, mitten hinein, traf mich diese brutale, hasserfüllte Stimme. Der Fürst der Hölle gab ein drohendes, düsteres Lachen von sich, gefolgt von den Worten: „Mit Scott bricht auch alles andere zusammen. Die Gemeinde wird diesen Schock nicht verkraften. Die Vision deiner Ausbildungsstätte wird scheitern. Und der Glaube all der Menschen, die mitgebetet haben, wird von einem Gefühl der Sinnlosigkeit und des Zweifels erschüttert werden!"

Im ersten Moment war die Gegenwart des Bösen, verbunden mit der Finsternis der frühen Stunde und dem Schmerz dessen, was Scott bevorstand, geradezu erdrückend – erdrückender, als ich es je zuvor erlebt hatte.

Ich denke, liebe Leser, Sie wissen genau, wovon ich hier spreche. Wer sich ehrlichen Herzens düsteren Prüfungen zu stellen hat, wird Augenblicke erleben, in denen der Fürst der Lüge Gottes Verheißungen auf so brutale Weise infrage stellt, dass die Hoffnungslosigkeit zu überwiegen scheint. Dann scheint die Dunkelheit der Stunde uns zu sagen, dass alle Hoffnung Lüge sei. Doch neben einem ehrlichen Herzen braucht es in solchen Momenten vor allem Weisheit. Gottes Gnade hatte mir schon so manches Mal geholfen, in der Konfrontation mit dem Fürst der Lüge zu wissen, was ich zu tun hatte.

So erschöpft, wie ich war, fühlte ich mich außerstande, mich mit Argumenten oder mutigem Auftreten gegen diesen unbarmherzigen und zutiefst persönlichen Angriff zu wehren. Und so drehte ich mich einfach auf die Seite und wandte mich an einen Anderen und so viel Stärkeren mit den Worten: „Jesus, darum musst du dich kümmern." Das war alles, was ich sagte – und mehr brauchte es auch nicht.

Als ob eine Hand mir sanft die Augenlider zugedrückt hätte, schlief ich unmittelbar wieder ein – was für mich völlig untypisch ist. Normalerweise bleibe ich wach, wenn ich morgens erst einmal aufgewacht bin. Aber ich kann mich noch nicht einmal daran erinnern, die Augen geschlossen zu haben. – Es war, als habe mein Heiland *alles Schwere von mir genommen*. Ich erwachte exakt eine Stunde später, blickte auf die digitale Anzeige meines Weckers – sechs Uhr morgens – und hörte erneut die Standuhr schlagen. Doch bei diesem Erwachen waren zwei Dinge anders.

Erstens hatte das Morgenlicht begonnen, den Raum in ein fahles und doch willkommenes Grau zu tauchen. Und zweitens hatte sich ein unbeschreibliches Wunder ereignet, als ich mich nun aufrichtete und auf die Bettkante setzte.

Ich war eingehüllt von einem überwältigenden Empfinden – GOTTES FRIEDE umgab mich!

Nicht zufällig benutze ich Großbuchstaben, denn ich weiß keinen anderen Weg, um zu beschreiben, wie ich hier zum ersten Mal in meinem Leben wahrhaftig den „Frieden Gottes" erlebte, der „höher ist als all unsere Vernunft" (Philipper 4,7).

Als ich aufstand, fühlte ich mich, als wäre unter mir ein endloses Fundament aus solidem Granit. Ich fühlte mich völlig getragen von der Kraft Gottes – auf eine gewaltige und majestätische Weise, die jedes Gefühl von Sicherheit, Zuversicht oder Frieden überstieg, das ich bis dahin erlebt hatte.

Mit diesem Frieden begab ich mich in jenen Freitag – und auch in das daran anschließende Wochenende und in die Wochen und Monate, die darauf folgten. Jede dieser Phasen hatte ihre eigenen Herausforderungen. Man bat mich, bis zur Einstellung eines neuen Pastors für ein Jahr die Gemeindeleitung zu übernehmen. Das erhöhte nicht nur mein Arbeitsaufkommen, es bedeutete auch, dass ich diese teure Herde durch die Trauer um ihren verstorbenen Pastor zu führen hatte. Darüber hinaus mussten Anna und ich unsere eigene Trauer bewältigen und unserer Tochter und ihrer Familie in ihrem Schmerz beistehen.

Doch es war etwas geschehen an jenem Freitag – etwas, das die unbändige Kraft eines ganz anderen Freitags freisetzte.

Es war der Freitag, an dem Jesus all unsere Schuld bezahlte, all unser Leid auf sich nahm, für uns alle starb und dadurch *alles überwand!* Das ist die Kernaussage dieses Buches, das ich für Sie – für ein geliebtes Kind Gottes – schreibe.

Ich habe diesen Frieden und den daraus resultierenden Sieg über die Hoffnungslosigkeit nicht aus meinem großen Glauben heraus errungen. Wenn man am Boden liegt, wenn alles von Finsternis umfangen ist, wenn die Stimme des Feindes Gott verhöhnt und Verzweiflung ins Herz sät, dann sind wir aufgerufen, uns an eine andere Stimme zu erinnern. Es ist die Stimme Jesu, der uns von einem Ort jenseits des Kreuzes ruft. Am Kreuz erlebte er den schlimmsten Schmerz, das größte Leid, ein Unmaß an Hoffnungslosigkeit, Hass und Höllenqualen. Und er sagt zu uns: „Rufe mich an! Ich kenne den Weg durch einen Freitag wie diesen, und ich werde dich sicher hindurchführen!"

Es gibt Hoffnung – für jeden noch so hoffnungslosen Tag. Es geht nicht nur darum, seinen Ruf zu hören, sondern auch darum, dass wir verstehen, *wie* Jesus uns den Weg von der Hoffnungslosigkeit zu neuer Hoffnung gebahnt hat. Darum möchte ich Sie einladen, gemeinsam mit mir auf die Stimme Jesu zu hören. Lassen Sie uns anschauen, wie Jesus seinen schlimmsten Tag durchgestanden hat – und damit auch den schlimmsten Tag, den sich Menschen oder Dämonen jemals ausdenken könnten.

Es gibt Hoffnung. Das weiß ich, weil ich es schon oft erlebt habe – unter anderem an meinem schlimmsten Tag. An solchen Tagen wartet auf jeden von uns die Entdeckung, wie zeitlos Gottes Verheißung ist:

> **Zuflucht ist bei dem alten Gott**
> **und unter den ewigen Armen.**
>
> 5. Mose 33,27

Kapitel 2

Wo finde ich Hoffnung
an einem hoffnungslosen Tag?

Mit zäher Ausdauer wollen wir auch noch das letzte Stück bis zum Ziel durchhalten. Dabei wollen wir nicht nach links oder rechts schauen, sondern allein auf Jesus. Er hat uns den Glauben geschenkt und wird ihn bewahren, bis wir am Ziel sind. Weil große Freude auf ihn wartete, erduldete Jesus den verachteten Tod am Kreuz.

HEBRÄER 12,1-2 (HFA)

Jener Morgen, von dem ich soeben berichtet habe, veränderte einen hoffnungslosen Tag völlig – die Nachsilbe „los" verschwand aus dem Wort und hinterließ mir ein Gefühl der Hoffnung, das echt und tief und anhaltend war. Dabei lässt sich durchaus erklären, wie diese 180-Grad-Wende und diese wahre Überdosis an Hoffnung möglich wurden. Die Erklärung findet sich in vier Wörtern des oben stehenden Verses: *„allein auf Jesus schauen."* Kurz gesagt, Hoffnung gewinnen wir durch die richtige Blickrichtung. Wenn wir auf die äußeren Umstände, uns selbst, unsere Vergangenheit oder zeitbedingte Trends schauen – wenn wir eine andere

Brille aufsetzen als die des Glaubens – verlieren wir die Hoffnung. Wenn wir unsere Augen stattdessen jedoch auf Gott richten – auf seine Möglichkeiten, zu erlösen, wiederherzustellen und Verlorenes zurückzugewinnen – wendet sich unser Blatt. Gottes Möglichkeiten stehen uns jederzeit offen durch seinen Sohn, Jesus. Wenn wir uns an *ihn* wenden, wendet sich auch unsere Lebenssituation: *„Lasst uns aufsehen zu Jesus!"* (Hebräer 12,2; LUT).

Für den, der kaum noch Hoffnung besitzt oder gar ganz aufgegeben hat, ist dieser Aufruf keine religiöse Anweisung, sondern ein Leuchtstreif am Himmel, der den Weg weist und uns zwei lebensnotwendige Perspektiven schenkt: Erstens, es gibt einen, der uns führt, und zweitens, es gibt ein Ziel, auf das er uns hinführt. Der, der uns führt, ist natürlich Jesus, der Erlöser – ein Mensch wie kein anderer, weil er zugleich ganz Gott ist. Er hat die Schrecken jenes „guten" Freitags ertragen, weil er wusste, dass ein von Hoffnung und Freude erfüllter Sonntag auf ihn wartete.

Sein Freitag war der Weg, der zur Auferstehung führte, auch wenn *wir* zunächst nicht mehr erkennen können, als das Leid und die erdrückende Niederlage dieses Tages, an dessen Ende Jesu Körper scheinbar für immer in einem trostlosen Grabesloch verschwand. Doch in einer Reihe von Aussagen hatte Jesus bereits vor seinem Tod den Weg vorgezeichnet, den er als Pionier – als der Anfänger und Vollender unseres Glaubens – für uns geschlagen hat. Wenn wir hinhören, was Jesus vom Kreuz herab zu uns spricht, können wir von ihm lernen, an unseren hoffnungslosen Tagen den Weg der Hoffnung zu gehen.

Darum lassen Sie uns gemeinsam herausfinden, welch große Bedeutung hinter dem Rat dessen steht, der zu uns sagt: „Nimm dein Kreuz auf dich und folge mir nach!" (vgl. Markus 8,34). Jesu Lebenssinn war es, uns „Leben und volle Genüge" zu geben, mit seinem Tod wollte er „retten, was verloren ist" und „die Werke des Teufels zerstören". Darum können wir uns darauf verlassen, dass sein Weg ans Kreuz unser Weg zur Hoffnung ist.

Hoffnungslose Tage erlebt jeder Mensch. Sie ereignen sich viel häufiger, als wir vermeintlich verdient haben, und sie halten oft weit länger an, als es uns erträglich erscheint. Darum braucht jeder Jünger Jesu eine Strategie, wie man mit hoffnungslosen Tagen umgeht. Gottes Wort zeigt uns eine solche Strategie auf: „Lasst uns laufen mit Geduld in dem Kampf, der uns bestimmt ist, und aufsehen zu Jesus, dem Anfänger und Vollender des Glaubens, der, obwohl er hätte Freude haben können, das Kreuz erduldete" (Hebräer 12,1-2).

Ich habe mir angewöhnt, Menschen, die einen dieser hoffnungslosen Tage durchmachen, zu ermutigen, erneut unter das Kreuz zu kommen. Diese Einladung ans Kreuz soll nicht dazu dienen, das Leid, das Jesus dort erdulden musste, mitleidig zu beweinen – als ob Jesus Trost daraus schöpfen würde, dass wir dieses ganze Elend auch noch einmal durchleben. Christus ruft uns ans Kreuz, damit wir dort *das Leben finden*, indem wir die Vergebung Gottes durch seinen Sohn empfangen. Und dann ruft er uns auf, *Leben zu lernen* – indem wir uns in der Gemeinschaft mit ihm und durch seine kraftvolle Leitung durch unsere „Kreuzestage" führen lassen.

Das Kreuz Christi ist wie ein Schmelzofen, in dem sich alles Leid, alle Probleme, alle vergebliche Mühe und all die Hoffnungslosigkeit der Menschen findet – jedes Leid, jede Ablehnung, jeder Schmerz, jede Erschöpfung, jedes Missverständnis, jede Wut, jeder Hass, jede Sünde, jede Niedergeschlagenheit, jeder Moment der Einsamkeit, jeder Tod. Doch hier findet sich auch alle Weisheit und Erkenntnis, alles, was es an Glaube, Liebe und Hoffnung gibt.

Durch diese Liebe und zu dieser Liebe sind wir berufen – wir dürfen auf Jesus schauen und ihn in unsere hoffnungslosen Tage einladen. Denn wir haben gesehen, wie er mit diesem für ihn so hoffnungslosen Tag umging und dabei über diese Hoffnungslosigkeit hinausschaute: „Weil große Freude auf ihn wartete, erduldete Jesus den verachteten Tod am Kreuz." Er begegnete jeder Situation und jedem Menschen auf eine Art und Weise, die ihn nicht hoffnungslos werden ließ. Und auf diese Weise hat er uns ein Vorbild für unsere schweren Tage gegeben.

* * *

Es ist eine Verheißung, die einer Gruppe von Exilanten galt, die von ihren Unterdrückern aus den Ruinen ihrer Heimatstadt Jerusalem in die Gefangenschaft geführt wurden. Auch dies ist ein Beispiel dafür, wie Gott uns anschaulich Wege zur Hoffnung aufzeigt. Eine Gruppe von geschlagenen und gedemütigten Bürgern Jerusalems wird von ihren Feinden mit gezückten Lanzen Richtung Babylon getrieben. Sie empfinden nichts als Sinnlosigkeit. Doch gerade in diese Ausweglosigkeit hinein erhebt der Prophet Jeremia seine Stimme im Namen Gottes:

Mein Plan mit euch steht fest: Ich will euer Glück und nicht euer Unglück. Ich habe im Sinn, euch eine Zukunft zu schenken, wie ihr sie erhofft. Das sage ich, der HERR. Ihr werdet kommen und zu mir beten, ihr werdet rufen und ich werde euch erhören. Ihr werdet mich suchen und werdet mich finden. Denn wenn ihr mich von ganzem Herzen sucht, werde ich mich von euch finden lassen. Das sage ich, der HERR. Ich werde alles wieder zum Guten wenden und euch sammeln aus allen Völkern und Ländern, wohin ich euch versprengt habe; ich bringe euch an den Ort zurück, von dem ich euch weggeführt habe.

JEREMIA 29,11-14 (GN)

Die Geschichte belegt, dass Gott sein Versprechen eingelöst hat – genau so, wie er es diesen Menschen an ihrem hoffnungslosen Tag zugesichert hatte. Für uns heute soll diese Begebenheit nicht nur ein geschichtliches Ereignis zum Auswendiglernen sein. Dieser Tag wurde uns vielmehr überliefert, damit wir seine Botschaft als prophetische Zusage *in unsere heutige Zeit übertragen!* Wir sind zur Hoffnung aufgerufen. Wir sind aufgerufen, zum Kreuz unseres Erretters zu kommen, der uns den Weg zum Leben weist. Er stirbt, um uns das Leben zu schenken.

Kommen Sie zu ihm.

Lassen Sie sich von ihm die sieben Schlüssel zeigen, die die Tore der Hoffnung offenhalten.

Lassen Sie mich außerdem von sieben Menschen berichten, denen Gott in heutiger Zeit diese Schlüssel in die Hand gab und die dadurch die Fesseln ihrer scheinbar ausweglosen Situation aufschließen und voller Hoffnung weiterleben konnten.

Jesus redet noch heute. Sein Kreuz ist ein Sieg, der auch heute noch errungen wird. Und die Worte, die er damals sprach, wollen heute ins Leben umgesetzt zu werden – sie wollen Ihnen helfen, damit auch Sie Ihren Sieg erringen können.

Kapitel 3

Vergeben Sie jedem Menschen, der Ihr Leben zu zerstören versucht

Vater, vergib ihnen; denn sie wissen nicht, was sie tun!

JESUS IN LUKAS 23,34

In diesen Worten Jesu spiegelt sich etwas Erstaunliches und Majestätisches. Das Blut des Lammes wurde gerade erst auf dem Altar des Kreuzes vergossen. Dieser Moment zieht einen Bogen vom ersten Opfer, das einst für die Sünden Edens vergossen wurde, über die unzähligen Tieropfer vergangener Jahrhunderte bis hin zu jenem letzten, alles umfassenden Opfer.

Nun hängt er am Kreuz – Jesus, das Lamm Gottes, das die Schuld der Welt auf sich nimmt.

Nun gibt er sich selbst hin – der große Hohepriester opfert sein eigenes Leben für das, was die Welt dringender braucht als alles andere: Vergebung der Schuld und Freisetzung aus der Versklavung an die Sünde.

Die ersten Worte des Lammes und Priesters sind geradezu *zärtlich* angesichts der hasserfüllten Haltung seiner Gegner. Und die *zeitlose* Liebe, die sich in ihnen ausdrückt, reicht hinein bis in unsere heutigen Tage. Aber diese Worte wollen uns auch etwas lehren. Sie wollen uns zeigen, wie wir neue Hoffnung finden können. Darum lautet unsere erste Lektion:

Der Weg zur Hoffnung für einen hoffnungslosen Tag beginnt damit, all den Menschen zu vergeben, die darauf aus zu sein scheinen, unser Leben zu zerstören.

Hoffnungslosigkeit ist ein Gefühl, das viele von uns erleben und das einen durchaus realen Hintergrund hat. Hoffnungslose Tage sind eine Folge von Dingen, die tatsächlich geschehen, und hinter diesen Dingen stehen oft Menschen und ihr ganz reales Tun oder Verhalten.

Menschen, die uns missverstanden haben.
Menschen, die in der Absicht gehandelt haben,
uns Schaden zuzufügen.
Menschen, die versäumt haben, etwas zu tun.
Menschen, die uns verraten oder getäuscht haben.
Menschen, die uns etwas angetan haben,
… gestern, … oder vor Jahren schon.

Menschen handeln in einer bestimmten Weise – mit manchmal fatalen Folgen. Das allein ist schon schwer zu verkraften. Noch schwerer zu verkraften aber ist, dass Jesus dazu sagt: Diese Menschen wissen eigentlich gar nicht, was sie tun.

Diese Worte Jesu: „… denn sie wissen nicht, was sie tun" drücken mit drastischer Offenheit aus, was für jede menschliche Sünde gilt: für jedes Versagen, für all unsere Lieblosigkeit, Rebellion, Wut und Gewalt, für all unseren Hass und unsere Ablehnung und für all die tausend anderen Übel, die über unser gefallenes Geschlecht gekommen sind. Selbst wenn eine Schuld wissend begangen wird – genau geplant und effizient ausgeführt – kann kein Mensch und Täter wirklich begreifen, wie immens ihre zerstörerische Kraft ist und welch grausamen Schaden sie anderen zufügt. In diesem sehr realen Sinn beinhaltet jede Sünde auch die Sünde fehlender Erkenntnis.

Wenn wir lernen wollen, anderen zu vergeben – wenn wir zu der Bereitschaft finden wollen, den Menschen zu vergeben, die gerade jetzt drauf und dran sind, unser Leben zu zerstören –, brauchen wir einen ersten, gangbaren Schritt. Jesus zeigt uns, wie dieser erste Schritt aussehen kann. Wir müssen erkennen: „Sie wissen nicht, was sie tun."

Allerdings fühlt es sich für uns ganz anders an. Wir sehen die Dinge in der Regel aus dem Blickwinkel unseres eigenen Erlebens. Und wenn etwas Schlimmes passiert, sieht es für uns so aus, als wüsste die Person, die dafür verantwortlich ist, ganz genau, was sie tut – und schlimmer noch, als wären ihr die Folgen ihres Handelns völlig egal.

Vom Kreuz aus betrachtet dürfte das nicht anders ausgesehen haben, doch Jesus lehrt uns ein Geheimnis der Vergebung: *Wenn wir den Menschen vergeben, die uns etwas Böses angetan haben, nehmen wir ihnen die Macht, uns dauerhaft zu ihrem Opfer zu machen.* Egal wie groß die Wirkung ihres Handelns zunächst auch sein mag, unsere Weigerung, darauf einzusteigen und es ihnen nachzutragen oder mit gleicher Münze heimzuzahlen, hebt uns über die Auswirkungen ihres Unrechts hinaus. Allerdings muss unsere Vergebungsbereitschaft ebenso echt sein wie die unseres Erlösers. Sie darf keinesfalls bei einer humanistischen, von menschlichem Willen geleiteten Übung der Selbstbeherrschung stehen bleiben. Diese mag vielleicht nobel erscheinen, doch sie bringt am Ende nur den in ihr wohnenden Stolz hervor.

Echte Vergebung entspringt aus der Dankbarkeit Gott gegenüber, der mir meine Sünden vergeben hat. Echte Vergebung erinnert sich daran, dass Gott mir selbst so viel vergeben hat, dass es keinen Anlass mehr gibt, anderen nicht ebenfalls alles zu vergeben. Weil ich umsonst Vergebung empfangen habe, ruft der Herr mich auf, ebenso freizügig anderen zu vergeben. Wenn wir anderen, die uns Schaden zufügen wollen, vergeben, lösen wir uns damit aus ihrem Kontrollbereich. Dann werden wir frei von Gefühlen wie Wut, Bitterkeit oder Enttäuschung, die sich so gerne an uns hängen würden.

Wenn ich darüber nachdenke, auf welch geistgewirkte Weise echte Vergebungsbereitschaft eine Veränderung herbeiführen kann, fällt mir sofort Richard ein. Er ist ein wunderbares Beispiel für diese Gnade. Sein gesamter Freundeskreis – insbesondere einer seiner Freunde – begegnete ihm auf einmal voller Ablehnung. Doch er ließ nicht zu, dass dieser hoffnungslose Tag sein Herz bestimmte und konnte auf diese Weise nicht nur sich selbst einen „neuen Tag" voller Freude und Hoffnung eröffnen, sondern auch einem anderen Menschen einen „glücklichen Tag" der Erlösung bereiten. Er erzählte mir persönlich davon, als er eines Tages zu mir ins Pfarrbüro kam.

Fast zwei Jahre war es her gewesen, dass Richard zu Christus gefunden hatte. Durch die verändernde Kraft des Evangeliums entdeckte er, welche Absicht sein Schöpfer wirklich für sein Leben und sein Mannsein hatte, und er wurde zu einem wahrhaftigen Nachfolger Jesu. Zuvor hatte er mit seinem Lebenspartner in West Hollywood zusammengelebt – was für ihn mehr gewesen war als nur ein zwischenzeitliches Experiment. Er arbeitete im medizinischen Bereich und war wegen seiner fachlichen Qualifikation durchaus angesehen. Innerhalb der Homosexuellen-Szene besaß er einen breiten Freundeskreis gleichgesinnter Menschen. Jede soziale Gruppe hätte sich einen solchen Mann als Aushängeschild gewünscht – ganz nach dem Motto: „Er ist einer, der's drauf hat, und er ist einer von uns!"

Doch in dem Augenblick, in dem Richard Jesus als seinen Erlöser annahm, änderte sich das schlagartig – und größtenteils zum Bösen. Die massive Ablehnung, die ihm entgegenschlug, ließ sich keineswegs mit Richards eigenem Verhalten erklären: Er erhob sich nicht selbstgerecht zum Richter über seine Freunde und ernannte sich auch nicht zu einem gottgefälligen Prediger des rechten Weges. Aber er erklärte seinem Liebhaber, warum er sich für Christus entschieden hatte. Dabei bemühte er sich sehr, seinen Lebenspartner nicht zu verletzen, obwohl er ihm auch mitteilte, dass er die Beziehung nicht fortführen würde. „Du bedeutest mir viel, Charles", sagte er zu ihm, „doch ich muss wahrhaftig sein und Gott treu bleiben, und darum kann ich nicht weiterleben wie bisher. Ich möchte nicht, dass du denkst, ich würde dich ablehnen oder dich für einen unwürdigen Menschen halten. Ich habe nur einfach erfahren, dass Gott für uns beide einen besseren Lebensweg kennt."

Es war wie die Detonation einer Bombe.

Charles war außer sich vor Wut und erzählte überall herum, dass Richard ihm nicht nur „Unrecht getan" habe, er sei auch noch „einer von denen" geworden. Viele Schwule meinen mit „denen" Christen, die scheinbar allen, die sich für die Homosexualität entschieden haben, ihre menschliche Würde absprechen. Viele der Homosexuellen sind nicht gegen Christen als solche, sondern gegen eine aus ihrer Sicht hasserfüllte, herabwürdigende Haltung vieler Christen gegenüber Schwulen. Der Begriff „ein Gräuel" wird als hasserfüllte, beleidigende, herablassende Äußerung angesehen, welche soziale Intoleranz und die Schmälerung individueller Menschenrechte ausdrückt. Dahinter wittert man den Versuch, Homosexualität im Keim auszuradieren, sollten diese Christen je die politischer Macht übernehmen.

Und nun war Richard „einer von denen" geworden. Richard litt nicht so sehr darunter, wie unvermittelt sich viele seiner Freunde von ihm abwandten, und auch nicht unter der immensen Bitterkeit, mit der sie seinen neuen Lebensstil in der Nachfolge Christi quittierten. Kummer bereitete ihm vielmehr das völlig verbogene Bild, das seine früheren Freunde vom Leben mit Jesus hatten. Sie wussten gar nicht, was es bedeutete, Jesus zu kennen. Darüber hinaus bedauerte er zutiefst, dass vermeintlich „christliche" Aktionen einiger weniger Menschen zu einer solchen Karikatur des Christseins geführt hatte. Und so kam es zu unserer Begegnung in meinem Büro.

Richard hatte mir einen sehr ermutigenden Brief geschrieben, in dem er berichtete, wie er nach seiner Bekehrung auf unsere Gemeinde gestoßen sei, und er drückte große Dankbarkeit dafür aus, dort einen Hafen der Hoffnung und ein gutes Klima für geistliches Wachstum gefunden zu haben. In seinem Brief heißt es:

Lieber Pastor Jack,
es war für mich nicht einfach gewesen, eine geistliche Gemeinschaft zu finden, die beides vereint – Wahrheit und Gnade. Ich bin sehr dankbar, dass diese Gemeinde beides beständig lebt: Sie ist einerseits dem Wort Gottes verpflichtet und entschlossen, nach seinem Willen zu leben (wozu auch die Ermahnung gehört, sich von sexuellem Ungehorsam abzuwenden). Und sie ist andererseits der Liebe Gottes verpflichtet und entschlossen, den Verlorenen Gottes Gnade vorzuleben (wozu auch ein offenes Herz für Menschen gehört, die ihre Sünde gar nicht erkennen – die Bereitschaft, Menschen „ins Leben zu lieben", statt abfällig auf sie herabzublicken).

Mich berührten weniger seine freundlichen Sätze über unsere Gemeinde, als vielmehr seine klare und ausgewogene geistliche Erkenntnis, die von guter Jüngerschaft zeugten. Er war ein wunderbares Beispiel dafür, wie Jesus Menschen rettet. Diese zwei Worte – *Jesus rettet* –, die wie keine andere Aussage das Evangelium zusammenfassen, zeigten sich an der vollständigen Umkehr dieses Mannes. Er wurde auferweckt aus einem todbringenden Lebensumfeld und lebte nun festen Herzens im Licht Gottes und seines Wortes. Richard besaß eine echte Leidenschaft für die Menschen, die er für Christus erreichen wollte – vor allem für die Menschen, die in derselben Orientierungslosigkeit lebten wie er früher. Das alles war Grund genug, berührt zu sein, doch es sollten sich noch viel berührendere Dinge ereignen.

Unser Gespräch ging dem Ende zu, als Richard mich um einen Gefallen bat: „Bevor ich gehe, Pastor Jack – würde es Ihnen etwas ausmachen, mit mir für etwas zu beten?" Ich nickte und er fuhr fort: „Ich möchte Sie in den nächsten Tagen um Ihre Gebetsunterstützung bitten. Ich erkläre kurz, warum."

Er berichtete mir, wie er vor einigen Wochen erfahren hatte, dass sein früherer Lebensgefährte im Sterben liegt. Der Mann litt unter einem heftigen Schub seiner HIV-Infektion. Nachdem Richard gehört hatte, dass Charles sich beinahe völlig aus der Szene zurückgezogen hatte, ging er zu dem Apartment, das sie beide früher gemeinsam bewohnt hatten. Dort fand er ihn. „Ich klopfte an die Tür und fragte mich, ob er überhaupt noch dort lebte. Zugleich fühlte ich mich sehr unsicher, wie er meinen Besuch wohl aufnehmen würde", fuhr Richard fort.

„Als sich die Tür einen Spalt öffnete und ich Charles sah, war ich wie vor den Kopf gestoßen. Sein Gesicht war ganz eingefallen. Er hatte offene Wunden. Er sah aus wie ein Gespenst. Erst verdrehte er die Augen, dann sah er mich mit finsterem Blick an. Er war sich wohl nicht sicher, ob er mich hereinlassen sollte. Mit schwacher Stimme sagte er: ‚Ach, du bist es.'"

Richard berichtete, dass Charles sich abwandte – jedoch ohne die Tür zu schließen. „Ohne meine medizinische Ausbildung wäre es vielleicht gefährlich gewesen, in das Apartment zu gehen, aber ich ging trotzdem rein."

Das Apartment war unordentlich und unangenehm vollgestopft mit allem möglichen Zeug. Dazu kam noch dieser Todesgeruch, der Charles Körper zunehmend einhüllte. Richard sagte kein Wort, sondern fing an aufzuräumen, während Charles sich in sein Bett zurückzog. Mit seiner professionellen Art – umsichtig und geschult zugleich – kümmerte er sich als nächstes um Charles körperliche Bedürfnisse. Er half ihm beim Baden, reinigte seine Wunden, machte das Bett und bereitete ihm ein Abendessen.

„Wir sprachen kaum. Charles war derart in Not, dass er die angebotene Hilfe kaum ablehnen konnte. Nachdem ich das Geschirr abgespült hatte, sagte ich ihm, ich würde am nächsten Tag wiederkommen. Das war vor fast vier Wochen, Pastor Jack. Doch die Gebetsunterstützung benötige ich für etwas, was sich diese Woche ereignet hat."

Ich war bereits den Tränen nahe. Richard handelte ganz offensichtlich aus den reinsten Motiven heraus. Sein Handeln war von Mitgefühl gesegnet und seine Sorge war echt. All dies zeigte mir, dass es sich hier um eine Vergebungsbereitschaft handelte, die Christus ebenbildlich war. Richard wandte sich dem Menschen zu, der sich von ihm abgewandt hatte, und setzte seine Liebe reinen Herzens in die Tat um.

„In all den Wochen, in denen ich Charles geholfen habe, Herr Pastor, habe ich Jesus mit Absicht nicht erwähnt – nicht, weil ich mich für Jesus schämen würde, sondern weil ich wusste, dass Charles meine Worte nicht annehmen würde. Vor drei Tagen dann, als ich Charles gerade wieder ins Bett half, nachdem ich das Bettzeug gewechselt hatte, sagte er zu mir mit einer beinahe bemitleidenswerten Resignation: ‚Okay, Richard, erzähl mir von Jesus.'"

Während Richard mir erzählte, wie Charles Christus sein Herz öffnete, kamen uns beiden die Tränen.

Mich bewegte die immense Kraft, die in der Vergebung liegt, die wir den Menschen entgegenbringen, die uns ablehnen.

Richards Bitte war einfach. Er wünschte sich, dass wir gemeinsam für die letzten Tage beteten, die Charles noch auf dieser Welt blieben. Wir besaßen beide den Glauben, dass Christus heilen kann, auch unter den ungünstigsten Umständen. Und wir zweifelten beide nicht daran, dass Gottes Barmherzigkeit auch einem Menschen galt, dessen augenblickliches

Leid so offensichtlich damit zusammenhing, dass er Gottes guten Willen für seine Menschen missachtet hatte. Aber wir hatten beide den Eindruck, dass hier etwas zum Abschluss kam – ein Eindruck, den auch Charles geäußert hatte. Charles Zukunft lag nicht in diesem so geschundenen Körper, den er nun bald verlassen würde. Er hatte seinen Retter willkommen geheißen. Er war bereit zu gehen. Und so beteten wir. Zwei Wochen später ging eine erlöste Seele in die ewige Herrlichkeit ein, und Richard rief mich an, um mir zu berichten, dass Charles heimgegangen war.

Das Bemerkenswerteste an dieser Geschichte ist, dass sie uns zeigt, welche Kraft freigesetzt wird, wenn ein Jünger Jesu die überwältigende Gnade der Vergebung erfährt, die sein Herr ihm schenkt. Hier wird nicht verleugnet, wie hoffnungslos man sich fühlt, wenn andere einen ablehnen oder sich gegen einen wenden. Hier wird der Schmerz nicht geschmälert, den wir erleben, wenn Menschen sich offenbar vorgenommen haben, unser Leben zu zerstören. Menschen wenden sich gegen andere Menschen. Sie verraten einander. Sie begegnen einander mit grober Lieblosigkeit, bösartigen Hintergedanken, grausamer und gewollter Feindseligkeit. Wenn wir solche Zeiten als hoffnungslos bezeichnet, beschreibt das nur unzulänglich, welches Leid manche von uns durchmachen. Doch auf Golgatha können wir etwas ganz Wichtiges lernen.

Vergeben Sie jedem Menschen – wirklich jedem –, der Sie verletzt oder beleidigt hat oder der ihnen in anderer Weise Unrecht getan hat. Wenn Sie denken, dass jemand Dinge getan hat, um Ihnen den Tag oder gar das ganze Leben zu verderben oder um Ihnen Ihre Chancen zu rauben oder Ihre Träume zunichte zu machen oder um Ihre Ziele zu blockieren, so *vergeben Sie* dieser Person. Anderen zu vergeben ist der Schlüssel für ein Leben unter der befreienden Vergebung Jesu. Es ist der erste Schritt, um einem hoffnungslosen Tag neue Hoffnung einzuhauchen – ganz zu schweigen von der Tür zu neuen, unvorstellbar guten Tagen, die wir damit aufstoßen.

Fühlen Sie sich an irgendeiner Stelle in Ihrer Vergangenheit gefangen? Haben Sie diese Dinge vor Gott gebracht, um seine Vergebung für Ihr Versagen oder auch Befreiung von den Folgen Ihres Handelns zu empfangen? Wenn wir bewusst vor unseren himmlischen Vater treten und ihm unser Herz hinhalten, entwirrt sich unsere Hoffnungslosigkeit. Es entsteht neue Hoffnung, wenn wir frei werden von der Verdammnis, die sich bei uns eingenistet hat und die er so bereitwillig von uns nimmt. Lesen Sie dazu Römer 8.

Kapitel 4

Helfen Sie anderen, die dieselben Probleme durchmachen

Wahrlich, ich sage dir: Heute wirst du mit mir im Paradies sein.

JESUS IN LUKAS 23,43

Es ist nicht eindeutig festzustellen, zu welchem Zeitpunkt des Kreuzigungsgeschehens dieses Gespräch stattfand, doch Jesus wird hier – während er bereits am Kreuz hängt – in einen kurzen Disput der beiden Verbrecher, zwischen denen er gekreuzigt wurde, verwickelt. Lukas berichtet:

Aber einer der Übeltäter, die am Kreuz hingen, lästerte ihn und sprach: Bist du nicht der Christus? Hilf dir selbst und uns! Da wies ihn der andere zurecht und sprach: Und du fürchtest dich auch nicht vor Gott, der du doch in gleicher Verdammnis bist? Wir sind es zwar mit Recht, denn wir empfangen, was unsre Taten verdienen; dieser aber hat nichts Unrechtes getan. Und er sprach: Jesus, gedenke an mich, wenn du in dein Reich kommst! Und Jesus sprach zu ihm: Wahrlich, ich sage dir: Heute wirst du mit mir im Paradies sein.

LUKAS 23,39-43

Zunächst ist Jesus nur ein unbeteiligter Zuhörer. Er hängt am Kreuz und neben ihm werden zwei andere Menschen ebenfalls gekreuzigt – einer zu seiner Rechten und einer zu seiner Linken. Beide sind Kriminelle. Und weil die römischen Behörden ihre Hinrichtungstermine für denselben Tag angesetzt haben, an dem auch Jesus seinem Moment tiefster Hoffnungslosigkeit entgegensieht, bilden die drei eine Art Schicksalsgemeinschaft. Offensichtlich kennen die beiden Kriminellen auch die Anschuldigungen, die gegen Jesus erhoben worden waren. Einer von ihnen reagiert zynisch und hasserfüllt, und er spottet über die Machtlosigkeit Jesu. Der andere dagegen weist seinen Schicksalsgenossen scharf zurecht: „Hast du denn gar keinen Respekt? Dieser Mann hat deinen Zynismus und deinen bitteren Spott nicht verdient. Wir bekommen, was wir verdient haben, aber dieser Mann hat nichts Falsches getan." Es ist ein klares Bekenntnis seiner eigenen Sündhaftigkeit. Und dann richtet dieser Verbrecher – im Geist echter Umkehr und in Anerkennung der göttlichen Natur Jesu – eine Bitte an seinen Erlöser: „Herr, gedenke an mich, wenn du in dein Reich kommst!"

Jesu Antwort zeigt uns die Größe göttlicher Gnade und seine bedingungslose Bereitschaft, Erlösung zu schenken. Sie zeigt uns, wie unermesslich zärtlich Gott all denen begegnet, die ihn um Hilfe bitten. Und sie zeigt uns, dass es niemals zu spät ist, Gott zu suchen. Zugleich trifft dieses Szenario den innersten Nerv der Vertreter religiöser Strenge, welche den Zuspruch der Erlösung nur ganz verhalten auszuteilen bereit ist. Es hätte keine dramatischere Inszenierung gegeben, um die Botschaft des Gottessohnes deutlicher auszudrücken: „Wer zu mir kommt, den werde ich nicht hinausstoßen." Hier zeigt sich eine biblische Wahrheit und hier zeigt sich ein Grundprinzip von Jüngerschaft: Ermutige andere, wenn sie unsicher und verzweifelt sind. Jesu Art, mit seinem hoffnungslosesten Tag umzugehen, lehrt uns somit eine weitere wichtige Lektion.

Zwei Dinge sind bemerkenswert an Jesu Begegnung mit dem reuigen Verbrecher. Zum einen machte dieser Mann gerade *genau das Gleiche* durch wie Jesus. Können Sie das fassen. Jesus hätte ebenso gut mit sich und seinen eigenen Sorgen beschäftigt sein können, doch er bleibt trotzdem sensibel für die Nöte der Menschen um ihn herum – selbst dort, wo es um seinen eigenen Schmerz geht. Und dann ist da noch etwas anderes.

Jesus hätte sich diesem Mann durchaus überlegen fühlen können, doch er offenbart sich als einer, der in derselben aussichtslosen Lage steckt. Sicher, dieser Verbrecher besaß eindeutig die schlechteren Voraussetzungen, wenn man an die ewige Zukunft denkt. Jesus hatte zwar zu leiden, doch er blieb auch jetzt in allem der Herr. Das erkannte selbst der Verbrecher. Man hatte Jesus Nägel durch seine Hände und Füße gerammt und ihn mit einer Dornenkrone gefoltert, dennoch blieb er der König Gottes. Der Erlöser nahm seine Kraft und Autorität für die Begegnung mit dem Menschen, der Heil für seine Seele sucht, weder aus seiner geistlich-königlichen Stellung noch aus seiner moralischen Überlegenheit. Er begegnet diesem Menschen auf der Ebene ihres gemeinsamen Todesschicksals – an jenem so hoffnungslosen Tag.

Jesus gibt uns die Chance zu lernen, dass wir selbst an unseren hoffnungslosesten Tagen dazu berufen sind, unseren Mitmenschen, die Ähnliches durchmachen, *mitten in ihrem Leid* zu begegnen – statt aufgrund unserer überlegenen Stellung oder unserer besseren geistlichen Voraussetzungen auf Distanz zu ihnen zu gehen. Ich selbst habe diese Lektion nur widerstrebend und nur durch Gottes Gnade gelernt. Einmal wurde ich geradezu wachgerüttelt. Gott setzte mich einer grauenhaften Furcht aus, damit ich schließlich von Jesus lernen konnte.

An dem Tag, an dem Los Angeles beinahe zerstört worden wäre, schien es, als rasten Dutzende von Güterwaggons durch unser Haus. Es war Montag, der 17. Januar 1994, um 4:31 Uhr morgens, als ein schweres Erdbeben zu einer der schlimmsten von seismischen Aktivitäten ausgelösten Naturkatastrophen in der Geschichte der USA führte. Auf soliden Stützen erbaute Stadtautobahnen stürzten ebenso in sich zusammen wie mehrstöckige Gebäude. Wasser- und Gasleitungen barsten, an vielen Stellen brach Feuer aus.

Ich werde dieses Erlebnis in vielerlei Hinsicht nicht vergessen, doch besonders unangenehm empfand ich das emotionale Trauma, in dem ich mich in den darauffolgenden Tagen befand.

Es war mir zutiefst peinlich.

Ich war ein Mann des Glaubens, fest verankert im Wort Gottes und betraut mit der Leitung einer

Herde, die in den Wirren dieser Katastrophe meinen Beistand und meine aufbauenden Worte gebraucht hätte. Doch ich stand selbst unter Schock. Jedes Nachbeben ließ uns erstarren, doch ich bezweifle, dass irgendein anderer aus meiner Gemeinde derart panisch reagierte wie ich selbst.

Ich war weder verletzt worden, noch hatte ich einen so schweren Verlust hinnehmen müssen wie die vielen, deren Häuser oder Betriebe durch das Erdbeben in Schutt und Asche gelegt worden waren. Oder wie die Menschen, die selbst schwer verletzt worden waren. Ich hatte auch keine Angehörigen verloren. Unsere Familie befand sich in Sicherheit, unser Haus war bis auf die herumgewirbelten Möbelstücke unversehrt geblieben. Doch sobald in den Tagen nach der Katastrophe die Nacht hereinbrach, war ich ein völlig anderer Mensch.

Ich wollte es mir selbst nicht eingestehen – und noch weniger gegenüber meiner Familie oder Fremden –, doch in meinem Innern regierte das blanke Chaos. Ich war nicht völlig gelähmt, aber mein emotionales Erleben und mein Verhalten waren massiv beeinträchtigt.

Wenn ich nach Anbruch der Dunkelheit allein das Haus durchqueren musste, bekam ich bereits panische Angst. Eigentlich war ich es gewohnt, vor Tagesanbruch aufzustehen, um mir Zeit zum Beten zu nehmen, während meine Familie noch in den Betten lag. Doch nach dem Erdbeben wagte ich im Dunkeln höchstens den Gang auf die Toilette und verspürte trotz der Taschenlampe in meiner Hand eine nie gekannte, panische Angst.

Als diese Empfindungen auch vier Tage später noch anhielten, suchte ich Gottes Rat im Gebet. Ich drehte nicht völlig durch oder ergriff vor Angst die Flucht, aber was ich durchlebte, irritierte mich zutiefst. „Herr", rief ich aus, „ich verstehe mich selbst nicht mehr! Ich habe keine Angst um mein Leben und ich zweifle auch nicht an deiner Gegenwart und an deinem Schutz. Herr, bitte hilf mir. Ich brauche dich. Irgendetwas stimmt mit mir nicht!"

Innerhalb von Sekundenbruchteilen erklang in mir ein leise Stimme, deren Unmittelbarkeit mich überraschte: *„Mein Sohn, mit dir ist alles in Ordnung. Ich habe zugelassen, dass du dieselbe traumatische Angst erlebst, die unzählige Menschen um dich herum ergriffen hat. Denn ich möchte, dass du ihr Leid verstehen und sie in ihrer Angst trösten kannst."*

Ich kannte diese Stimme. Sofort kam mir Gottes Wort in den Sinn: „Gelobt sei Gott, der Vater unseres Herrn Jesus Christus, der Vater der Barmherzigkeit und Gott allen Trostes, der uns tröstet in aller unserer Trübsal, damit wir auch trösten können, die in allerlei Trübsal sind, mit dem Trost, mit dem wir selber getröstet werden von Gott (2. Korinther 1,3-4).

Hier geht es um eine ganz typische Strategie des Höchsten, damit seine Kinder, die mit großen Schwierigkeiten konfrontiert sind oder waren, andere, die sich in denselben Nöten befinden, stärken können. Gott macht uns bewusst, *dass wir andere nicht aus einem vermeintlich überlegeneren Glauben heraus helfen sollen, sondern weil uns das gemeinsame Leid verbindet.*

In der darauffolgenden Woche hielt ich eine der hilfreichsten Predigten meines vierzigjährigen Dienstes. Ich predigte anhand von 1. Johannes 4,17-19 darüber, wie man die verschiedenen Arten von Angst unterscheiden und mit seiner Furcht richtig umgehen kann. Meine Predigt besaß nicht nur ein solides biblisches Fundament, sie war durch mein eigenes Erleben in den Tagen meiner Angst auch sehr anschaulich. Ich riskierte es, nicht als Fels in der Brandung dazustehen, und offenbarte stattdessen, wie verletzlich und irritiert ich mich selbst in meiner nächtlichen Ruhelosigkeit, der aller Glaube abhandengekommen zu sein schien, erlebt hatte. Als ich dieses nervenaufreibende Gefühl der Hilflosigkeit beschrieb, das mich bei jedem Nachbeben gepackt hatte, wurden meine Zuhörer tatsächlich gestärkt und getröstet! Menschen bekamen neue Hoffnung. Augen begannen wieder zu leuchten. Neuer Glaube wurde geweckt durch mein Bekenntnis zu meiner eigenen Angst. So paradox es uns erscheinen mag, hier wurde Wort Gottes lebendig – das Wort Gottes, das in unseren hoffnungslosen Tagen die Quelle der Hoffnung schlechthin ist.

Unsere Gemeindeältesten stellten die Mittel zur Verfügung, um von meiner Predigt Tausende von Audiokassetten herzustellen, um sie kostenlos zu verteilen. Hunderte von Menschen fanden darin eine Antwort auf ihre eigenen Zweifel und viele gaben sie an Freunde und Angehörige weiter, die unter dem Trauma des Erdbebens litten. Die Wirkung war enorm. Angefangen hatte es damit, dass Gott in seiner Gnade einem einsamen Jünger, der von Angst geplagt wurde, wo andere ihn über alle Furcht erhaben wähnten, die Chance gab, etwas von dem lebendig werden zu lassen, was unser großartiger Heiland für uns getan hat.

Was er für uns getan hat, zeigt sich aufs Wunderbarste an jenem hoffnungslosesten aller hoffnungslosen Tage, der doch eigentlich zu Recht der „gute Freitag" genannt wird. Als der Sohn Gottes seinem Leidensgenossen Trost spendet, obwohl er selbst tiefes Leid durchlebt, beschenkt er ihn nicht nur mit der Hoffnung auf das ewige Leben. Er begegnet ihm auch mitten in der Gegenwärtigkeit dieses Leides mit der hoffnungsfrohen Zusicherung, dass Gott sein Leid *noch am selben Tag* wenden wird. Diese Zusicherung ist die Gabe dessen, der sich auch durch seine eigenen Seelenqualen nicht davon abhalten ließ, anderen in ihren inneren Nöten zur Seite zu stehen.

Es täte uns gut, uns an Jesu Vorbild zu erinnern, wann immer harte Tage kommen und wir versucht sind, uns so sehr in unseren eigenen Problemen zu verlieren, dass wir die Menschen um uns herum nicht mehr wahrnehmen.

Rechnen Sie damit, dass Gott Sie an Ihren hoffnungslosen Tagen vermutlich auch zu einem Werkzeug seiner Ermutigung für andere Menschen macht. Das bedeutet nicht, so zu tun, als wären die eigenen Probleme nicht real. Aber wir dürfen nicht zulassen, dass das eigene Herz vor Schreck zusammenzuckt, wo Gott unser Herz doch weit machen und ins Vertrauen rufen möchte. Öffnen Sie Ihr Herz für andere und Sie werden selbst neue Hoffnung bekommen – gerade dort, wo Sie anderen Trost und Hoffnung spenden.

Haben Sie schon einmal erlebt, dass Gott Sie beruft, die Begrenzung auf Ihre eigenen Sorgen zu überwinden und anderen in deren Not zu helfen? Was haben Sie dadurch gewonnen? Was haben Sie verloren? Der Strom der Gnade Gottes in uns wird umso breiter, je mehr wir uns dafür öffnen, für andere Menschen Werkzeuge seiner Liebe und Hoffnung zu werden. Lesen Sie dazu Philipper 2!

Kapitel 5

Sorgen Sie gut für die Menschen, die Ihnen nahestehen!

Frau, siehe, das ist dein Sohn! ... Siehe, das ist deine Mutter!

JESUS IN JOHANNES 19,26-27

Es gibt einen dritten Schlüssel, mit dem wir an einem hoffnungslosen Tag den Weg zu neuer Hoffnung aufschließen können: Sorgen Sie gut für die Menschen, die Ihnen nahestehen. Wie klug das ist, können wir daran erkennen, mit welcher inneren Motivation und zu welch bemerkenswertem Zeitpunkt Jesus die oben genannten, beinahe zärtlichen Anweisungen gibt. Bereits am Kreuz hängend wendet er sich erst an seine Mutter und spricht dann Johannes an – den Jünger, der ihm als einziger der Zwölf bis unters Kreuz gefolgt ist.

Johannes ist der Letzte, der ihm noch geblieben ist. Alle anderen sind aus den unterschiedlichsten Gründen geflohen – zumeist aus Angst. Doch Johannes bleibt bei Jesus. Zunächst folgt er ihm zum Gerichtsort und dann zu dem Ort, an dem das Urteil vollstreckt wird. Unter dem Kreuz standen außer ihm noch drei Frauen, die sich Johannes vermutlich auf dessen Bitte hin angeschlossen hatten. Angesichts des tragischen Geschehens ist es bemerkenswert, dass eine dieser Frauen die Mutter Jesu ist; die beiden anderen waren vermutlich mitgekommen, um ihr beizustehen. Es muss für jede Frau ein grauenhaftes Los sein, wenn sie zusehen muss, wie ihr eigener Sohn zu Tode gefoltert wird. In einer solchen Situation braucht man den Beistand von Freunden.

Wie Maria Jesus sein Leben hindurch begleitet hat, ist an sich schon höchst interessant. Denn sie wurde selbst zu einer Jüngerin ihres Sohnes. Unglücklicherweise wurde ihre Rolle im Leben Jesu immer wieder verzerrt dargestellt. Sie selbst besaß da eine klare Linie. Sie wusste von Anfang an, wer *sie* war und wer *er* war. Wenn wir also lesen, dass sie ihn im Sterben begleitete – was unter den Umständen ein wahrhaft heroischer Akt war –, müssten wir schon blind vor Scheinheiligkeit und ohne jedes menschlichen Mitgefühls sein, wenn wir nicht mitempfinden könnten, welchen Schmerz diese Mutter trug, als sie das Leiden und Sterben ihres Sohnes am Kreuz mitansehen musste.

Wenn wir die Situation aus Marias Sicht betrachten, ist allein das schon gravierend und emotional belastend genug für sie. Hinzu kommt aber noch etwas ganz anderes – etwas, das für Maria in dem Augenblick vermutlich nicht im Vordergrund stand, dem sie sich aber früher oder später würde stellen müssen. Irgendwann würde Maria, die Mutter Jesu, sich mit der Frage konfrontiert sehen: „Was wird aus mir, jetzt wo er heimgegangen ist?"

Jesus war Marias ältester Sohn, sodass Maria vermutlich bereits schon seit Jahren mehr oder weniger von seinem Unterhalt abhängig war. Die meisten Fachleute gehen davon aus, dass Josef deutlich älter war als Maria. So war nach seinem Tod Jesus derjenige, der den Betrieb seines Vaters übernahm und die Verantwortung für die Familie innehatte. Und so verlor sie mit seinem Tod auch den Mann, der ihr Ernährer und Beschützer war – und das in einer Gesellschaft, in der Frauen mit dem Tod des männlichen Familienoberhauptes häufig alle Rechte und Privilegien verloren. So stand neben der Sorge einer Mutter um ihren Sohn auch die Sorge um ihre eigene Zukunft. Und wieder lehrt uns dieser Mensch – Jesus, Gott mit uns – etwas ganz Wichtiges, wenn wir an unseren trostlosen Tagen neue Hoffnung suchen.

Obwohl er selbst die ganze Last dieser vernichtenden Ereignisse zu tragen hatte, kümmerte er sich um die Not seiner Mutter. Als er zu ihr sprach: „Frau, siehe, das ist dein Sohn!", wollte er damit nicht sagen: „Schau dir mein Elend an, Mutter, und weine um mich." Er lenkte ihre Aufmerksamkeit vielmehr von sich auf Johannes. Im Grunde sagte er: „Frau", – was übrigens eine Respekt ausdrückende Formulierung war –, „dieser Mann wird der sein, der für dich sorgt." Und um diesen Übertragung seiner Verantwortung für die Mutter abzuschließen, spricht er anschließend zu Johannes: „Siehe, das ist deine Mutter!"

Die schlichte Schönheit dieses Geschehens spricht für sich selbst: Jesus stellt hier keine spirituelle Beziehung zwischen Johannes und Maria her. Er überträgt eine familiäre Verantwortung. Jesus vertraut dem Jünger, der ihm am nächsten steht, die Fürsorge für seine Mutter an. Historische Belege zeigen uns, dass Johannes diese Verantwortung treu erfüllt hat. Jesus spricht durch sein Handeln, mit dem er seine Verantwortung für einen nahestehenden Menschen vor seinem Tod an seinen Jünger weitergibt, auch in die hoffnungslosen Tage unseres Lebens hinein. Wir sollen nicht zulassen, dass unser Schmerz unsere Empfänglichkeit für die Bedürfnisse anderer betäubt, die auf unsere Fürsorge angewiesen sind. Darin zeigt sich eine Größe, deren Zeuge ich selbst schon einmal werden dürfte. Lassen Sie mich Ihnen von Vic und seiner Frau Cora erzählen.

Es geschah völlig ohne Vorwarnung an einem Dienstagmorgen. Die Frau, die Vic über 50 Jahre zuvor zum Altar geführt hatte, seine Partnerin, mit der er ein Leben lang Christus gedient und Verantwortung in der Gemeinde übernommen hatte, war plötzlich nicht mehr da. Nach einem Herzinfarkt rief Gott sie heim in sein ewiges Reich, und Vic blieb allein zurück. Er war keiner, der zum Jammern neigte. Niemand hörte in den Tagen nach Coras Tod auch nur ein klagendes Wort von ihm. Doch wir wussten alle, wie groß der Schmerz eines Mannes sein musste, der seiner Frau so nahe gestanden hatte wie Vic. Hinzu kam seine schlechter werdende körperliche Verfassung. Und so waren die meisten von uns der festen Überzeugung, dass Vic seiner Frau schon bald folgen würde.

Jesus spricht durch sein Handeln, mit dem er seine Verantwortung für einen nahestehenden Menschen vor seinem Tod an seinen Jünger weitergibt, auch in die hoffnungslosen Tage unseres Lebens hinein. Wir sollen nicht zulassen, dass unser Schmerz unsere Empfänglichkeit für die Bedürfnisse anderer betäubt, die auf unsere Fürsorge angewiesen sind.

Viele von uns haben schon beobachten können, wie die lebenslange Nähe ein Ehepaar auf einzigartige Weise miteinander verbindet. Wenn dann körperliche Gebrechlichkeit oder Krankheiten das hohe Alter trüben und der Tod näher rückt, ist es oft so, dass erst ein Partner stirbt und bald darauf der andere. Ähnliches erwarteten wir – widerstrebend zwar, aber doch auch aus gutem Grund – bei Vic. Der Verlust von Coras Nähe, seine Trauer, sein zunehmender körperlicher Verfall – alles sprach dafür. *Bald ist es soweit,* dachten die meisten seiner Freunde und Angehörigen.

Doch Vic lebte weiter.

Ich war gut mit Vic, Cora und ihren Kindern befreundet und hatte darüber hinaus die Ehre, ihm in den letzten Jahrzehnten seines Lebens als Pastor zur Seite zu stehen. Und so machte ich mich eines Tages auf, um ihn zu besuchen. Wir unterhielten uns lange und ohne Hast und selbstverständlich auch ohne eine Andeutung dessen, was die meisten von uns dachten – dass er wohl nicht mehr lange leben würde. Doch an jenem Tag begegnete mir ein Mann, der Gott darum bat, noch eine Weile leben zu dürfen, „bis er das eine oder andere geregelt hätte." Er sprach in klaren und äußerst geordneten Worten, und offenbarte eine Haltung, wie sie auch der Apostel Paulus beschreibt: „Beides erscheint mir verlockend: Manchmal würde ich am liebsten schon jetzt sterben, um bei Christus zu sein. Gibt es etwas Besseres? Andererseits habe ich bei euch noch eine wichtige Aufgabe zu erfüllen" (Philipper 1,23-24; HFA).

Weder seine innere Haltung noch seine Sprache zeugten von Arroganz oder humanistischer Sturheit. Er hielt nicht am Leben fest, nur weil er nicht loslassen konnte oder weil er von menschlichen Überlebenswillen dazu getrieben wurde. Er suchte weder krampfhaft das Leben, noch fühlte er sich berechtigt, über sein Leben und Sterben selbst zu bestimmen. Menschlich gesehen hätte er es vorgezogen „heimzukehren ins Himmelreich". Doch es gab da noch etwas, das ihn beschäftige und von Herzen bewegte. Seine ganze Haltung drückte väterliche Sorge, Verantwortungsbewusstsein und geistliche Leidenschaft aus.

In den darauffolgenden Monaten blieb ich mit Vic in Kontakt. Ich sah ihn nur selten, aber seine Familie hielt mich auf dem Laufenden: Vic ordnete seine Geschäfte, nahm sich Zeit für seine Enkel, führte lange Gespräche mit seinen Kindern, telefonierte mit den wenigen Freunden aus alten Tagen, die noch am Leben waren und von denen die meisten 80 Jahre und älter waren. Fast auf den Tag genau neun Monate nach Coras Tod rief mich Vics Tochter an und bat mich vorbeizukommen. „Ich denke, Jack, er ist jetzt soweit. Er scheint alles geregelt zu haben, was ihm noch auf dem Herzen lag", sagte sie. Als ich ihn kurz darauf zum letzten Mal sah, drückte er es selbst mit ganz ähnlichen Worten aus.

Die neun Monate waren abgeschlossen – wie bei einer Schwangerschaft, die den Sinn hat, neues Leben hervorzubringen. Und so starb Vic. Er war immer ein Mensch gewesen, der sich aus echtem Engagement heraus um andere gekümmert hatte. Das hatte ihn zu einem großartigen geistlichen Leiter gemacht. Am Ende seiner Tage, als die Trauer um Cora ihn verlocken wollte, sich einfach aufzugeben, wurde er stattdessen zu einem Mann, der noch eine letzte Mission zu erfüllen hatte. So wie sein Heiland noch am Kreuz die Nöte der Menschen um sich herum sah, so blickte auch Vic an seinen hoffnungslosen Tagen mehr auf das Leben als auf seine Trauer. Er kümmerte sich um Dinge, die für die Menschen, die er liebte, von Bedeutung waren. Erst dann machte er sich auf, um seinem Herrn gegenüberzutreten und die geliebten Menschen wiederzusehen, die ihm vorausgegangen waren. Nein, er ließ nicht zu, dass die schweren Tage der Trauer ihm die Hoffnung raubten oder ihn die Menschen vergessen ließen, die er nach seinem Tod zurücklassen würde.

Unser Herr gibt uns mit seinen Worten, die er auf Golgatha zu Johannes und Maria spricht, ein Vorbild. Er sagt auf diese Weise zu uns: „Wenn du einen schweren Tag vor dir hast, vernachlässige dennoch nicht die Menschen, für die du Verantwortung trägst. Denn gerade du könntest der Mensch sein, der ihnen neue Hoffnung bringt." Wir sind alle in Gefahr zu meinen, dass die Menschen, die uns am nächsten stehen, unser Dilemma verstehen und es automatisch mit uns aushalten werden. Doch das ist nicht immer der Fall.

Wie oft kommt es vor, dass ein Vater oder eine Mutter abends erschöpft und unzufrieden von der Arbeit nach Hause kommt und den eigenen Frust oder Ärger an den Kindern und am Ehepartner auslässt? Darin zeigt sich die Haltung: „Wenn ich einen schlechten Tag habe, soll es allen anderen nicht besser gehen!" Oder kennen Sie diese T-Shirts mit dem Aufdruck: „Wenn Mami unglücklich ist, sind alle unglücklich!" Doch das kann niemals der Geist der Jünger Jesu sein. Wenn ich Jesu Jünger bin, wird er mir abverlangen, dass ich auf mein Recht verzichte, alle Menschen in meinem Umfeld für meinen Frust bezahlen zu lassen – egal wie nahe sie mir stehen!

Seine Haltung ist an dieser Stelle eindeutig: Kümmern Sie sich um die Menschen, die Ihnen nahestehen, auch wenn Sie selbst schwierige, entmutigende oder hoffnungslos scheinende Tage durchzumachen haben. Laden Sie Ihren Lieben nicht Ihr Trauma auf. Vielleicht können diese Menschen Ihnen darin beistehen (so wie es Johannes und Maria für Jesus taten), aber diese Last sollte ihnen nicht unfreiwillig aufgeladen oder wie Müll übergekippt werden.

Am besten finden wir an unseren hoffnungslosen Tagen neue Hoffnung, wenn wir es so machen wie Jesus. Und er hat stets mehr die Menschen um sich herum im Blick gehabt als sich selbst.

✳ ✳ ✳

Haben Sie aufgrund einer persönlichen Tragödie die Hoffnung verloren? Gott zu loben ist der Weg, der diese Hoffnung wieder herstellen kann. Wenn wir auf Wut, Leid oder Bekümmerung mit glaubensvollem Loben antworten, kann sich unsere Trauer in Freude verwandeln und unsere Angst in neue Kraft. Lesen Sie dazu die Psalmen 46 und 47.

Kapitel 6

Richten Sie Ihre harten Fragen an Gott, nicht an Menschen

Mein Gott, mein Gott, warum hast du mich verlassen?

JESUS IN MATTHÄUS 27,46

Dies ist das vierte Grundprinzip, wenn wir an einem scheinbar hoffnungslosen Tag neue Hoffnung finden wollen: *Richten Sie Ihre harten Fragen nicht an Menschen, sondern an Gott.* Dahinter verbergen sich die vielleicht dramatischsten Worte Jesu am Kreuz. Sie zeugen von seinem Leid, seinem emotionalen Ringen. Nichts drückt auf leidenschaftlichere Weise den herzzerreißenden Schrei des Gottessohnes aus, der sich in seiner dunkelsten Stunde vom Vater verlassen fühlt: „Warum? Warum? Warum hast du mich gerade jetzt verlassen?"

Die Worte, die Jesus hier ausruft, sind ein direktes Zitat des 22. Psalms – Worte, die zu diesem Zeitpunkt bereits tausend Jahre alt waren. David sprach diese prophetischen Verse zu einer Zeit, als sich noch niemand vorstellen konnte, dass der Messias Gottes derjenige sein könnte, der diese Qual zu ertragen hat. Lassen Sie uns wenigstens einen kurzen Blick auf die Worte des Psalms werfen:

Mein Gott, mein Gott, warum hast du mich verlassen?
Ich schreie, aber meine Hilfe ist ferne.
Mein Gott, des Tages rufe ich, doch antwortest du nicht,
und des Nachts, doch finde ich keine Ruhe. ...
Alle, die mich sehen, verspotten mich,
sperren das Maul auf und schütteln den Kopf:
»Er klage es dem HERRN, der helfe ihm heraus
und rette ihn, hat er Gefallen an ihm.«
Du hast mich aus meiner Mutter Leibe gezogen;
du ließest mich geborgen sein an der Brust meiner Mutter.
Auf dich bin ich geworfen von Mutterleib an,
du bist mein Gott von meiner Mutter Schoß an.
Sei nicht ferne von mir, denn Angst ist nahe;
denn es ist hier kein Helfer.
Gewaltige Stiere haben mich umgeben,
mächtige Büffel haben mich umringt.
Ihren Rachen sperren sie gegen mich auf
wie ein brüllender und reißender Löwe.
Ich bin ausgeschüttet wie Wasser,
alle meine Knochen haben sich voneinander gelöst;
mein Herz ist in meinem Leibe wie zerschmolzenes Wachs.
Meine Kräfte sind vertrocknet wie eine Scherbe,
und meine Zunge klebt mir am Gaumen,
und du legst mich in des Todes Staub.
Denn Hunde haben mich umgeben,
und der Bösen Rotte hat mich umringt;
sie haben meine Hände und Füße durchgraben.
Ich kann alle meine Knochen zählen;
sie aber schauen zu und sehen auf mich herab.

*Sie teilen meine Kleider unter sich
und werfen das Los um mein Gewand.
Aber du, HERR, sei nicht ferne;
meine Stärke, eile, mir zu helfen!*

PSALM 22,2-3 UND 8-20

Der Schrei des Psalmisten besitzt jene Freimütigkeit, der das Privileg all derer ist, die Gott anbeten. Tränen dürfen in seiner Gegenwart sein, denn er ist nicht die Quelle dieser Tränen. Klagen ist erlaubt, denn Gott ist der einzige, der die Not, die da geklagt wird, wenden kann. Psalm 142 ist wie eine Einladung in unseren dunklen Stunden: „Ich schreie zum HERRN mit meiner Stimme, … ich schütte meine Klage vor ihm aus" (Verse 2-3). Auch hier ist die Botschaft eindeutig: „Richte deine harten Fragen an Gott!" Vielleicht bekommen wir nicht sofort eine Antwort, aber auf zwei Dinge können wir uns verlassen: (1) Unser Schrei wird niemals auf taube Ohren treffen; und (2) zur rechten Zeit wird unser Schrei die Antwort finden, die für uns am besten ist. Das ist immer so.

Es übersteigt unsere menschliche Vorstellungskraft, um zu ermessen, wie diese erbarmungswürdige Klage aus dem Mund Jesu geklungen haben mag. Vielleicht können wir uns noch vorstellen, wie seine Stimme bricht und wie es ihm das Herz zerreißt. Doch wer könnte schon ermessen, welch tiefer Schmerz der Seele Jesu zugefügt wurde, als er – der Sohn Gottes – diese Trennung vom Vater erfuhr? Dieser Aufschrei einer gequälten Seele diente keiner melodramatischen Inszenierung. Nein! Hier erlebte die zweite Person der Dreieinigkeit Gottes einen Bruch in der Beziehung zu seinem ewigen Vater, mit dem er bereits vor Beginn aller Zeiten verbunden gewesen war. Und diese Trennung erlebte er, weil er, „der von keiner Sünde wusste, für uns zur Sünde gemacht" wurde, „damit wir in ihm die Gerechtigkeit würden, die vor Gott gilt" (2. Korinther 5,21). Nur aus diesem Grund wurde Jesus von dieser Verlassenheit gequält.

Das ist ein Gedanke, der die besten Theologen an ihre Grenzen führt und die Vorstellungskraft eines jeden Menschen sprengt, der sich die Schwere dieser Tatsache vor Augen hält. Obwohl die oben zitierten Worte aus dem 2. Korintherbrief es uns erklären und obwohl der Psalmist es lange zuvor prophezeit hat, kann ich mir nicht vorstellen, dass irgendein Mensch die Tiefe dieses Geheimnisses erfassen kann. Doch zweierlei ist unumstritten:

Zum einen erleidet Jesus, der Sohn Gottes, an seinem eigenen Leib die Erfüllung jenes alttestamentlichen Bildes vom Sündenbock – von einem Geschöpf, auf das die Schuld des Volkes geladen und das dann aus dem Lager der Israeliten vertrieben wurde, um all die Schuld mit sich fortzutragen. Durch seinen Tod nimmt Jesus sowohl die Schuld als auch die dafür zugemessene Strafe auf sich – und das für *all die* Sünden, die Menschen über die Zeiten hinweg begangen haben und noch begehen *werden*. Dieses Schicksal konnte er nur tragen, weil er als der *sündlose* Erlöser genug Raum hatte, all die Sünde in sich aufzunehmen. Mit seinem Sterben brach er die Macht der Sünde, die nun keinen Menschen je wieder knechten darf, der sein Leben in die Hände des Auferstandenen legt!

Zum anderen wurde Jesus, der Menschensohn, von einer unbeschreiblich düsteren Last bedrückt, die er nur tragen konnte, weil der Heilige Geist ihm die Kraft dazu gab. Nur durch diese Gnade, so erklärt uns der Hebräerbrief (9,14), war er in der Lage, sich selbst vor Gott für uns als Opfer hinzugeben. Trotz seiner göttlichen Herkunft und ungeachtet seines ewigen, den ganzen Kosmos umfangenden Wesens war das Lamm Gottes zugleich ganz und gar Mensch. Dieser Mensch war in seinem Innersten erschüttert durch die Leere, welche die Abwesenheit des Vaters erzeugte. Dieser Mensch schrie bitterlich, als er nun tatsächlich den Kelch des Leids trinken musste, wo er doch zuvor in Gethsemane gebetet hatte, dass dieser Kelch an ihm vorübergehen möge.

Das ist der zentrale Augenblick von Golgatha – das vierte der sieben Worte Jesu am Kreuz. Dieser Moment ist bestimmt von Fragen, Dunkelheit und schrecklicher Verlassenheit – Gottverlassenheit. Selbst wenn keiner von uns je dieses Maß an Bedrückung erleben muss, das Jesus erfahren hat, so kennen wir doch alle Momente, in denen wir uns gefragt haben: „Warum? Warum, Gott?" In diesen Momenten dürfen wir wissen, dass wir einen Erlöser haben, der das Gleiche durchgemacht hat und unsere Verzweiflung kennt. Und wir dürfen von seinem Vorbild lernen. Wenn Sie gerade herzzerreißend hoffnungslose Tage durchleben müssen oder wenn Sie das Gefühl haben, von Gott verlassen zu sein, und ihre Einsamkeit tiefe Zweifel weckt, dann dürfen Sie Ihre harten Fragen an Gott richten. Richten Sie sie nicht an Menschen.

Warum? Weil die Menschen in den dunkelsten Stunden des Lebens zumeist keine angemessenen Antworten parat haben. Ein Therapeut kann die Situation analysieren. Kollegen können vielleicht Verständnis zeigen. Und erfahrene Freunde können mit Ihnen mitfühlen. Doch Menschen, in ihrer begrenzten Auffassungsgabe und all ihrer Schwachheit, können uns niemals das geben, wonach wir uns wirklich sehnen – die Gegenwart Gottes. Wir suchen eigentlich keine Antworten. Wonach unser Herz wirklich schreit, ist Gott selbst. Wenn bedrückende Tage sich bis ins tiefste Schwarz verdüstern und alles, was Sie meinen, gewusst zu haben, nur wie Hohn in Ihren Ohren klingt, sollten Sie weder Philosophen noch Theologen um Rat fragen. Schreien Sie zu Gott! Es macht ihm nichts aus, wenn wir klagen, und er ist niemals wirklich fern, auch wenn er uns noch so abwesend erscheint. Mein Freund Bill wird Ihnen das bestätigen.

Ein Geschäftsabschluss war geplatzt. Es ging für Bills Firma um einen siebenstelligen Betrag. Nach über zweijähriger, sorgfältiger Planung und viel Gebet um die rechte Führung hatte Bill als Geschäftsführer das Geschäft beinahe zum Abschluss gebracht. Die Finanzierung war gesichert und so standen der Firma viele neue Möglichkeiten offen. Die Aktionäre waren über den bevorstehenden Abschluss informiert worden, die Presse beobachtete erwartungsvoll, was sich tat, da man sich von dieser Entwicklung einen großen Innovationsschub erhoffte. Bill selbst fühlte sich bei der Durchführung der Pläne im Einklang mit Gott.

Dieses Geschäft hätte die Profite der Firma dramatisch erhöht. Doch Bill hatte sein Herz vor Gott geprüft. Immer wieder hatte er die Sache vor dem Herrn ausgebreitet und bewegt. Gemeinsam mit seiner Frau Marie hatten sie einmütig und demütig gebetet: „Lieber Vater, wir wollen nur deinen Willen für diese Firma erfüllen – so wie wir das auch in unserer Ehe tun. Du bist das Zentrum unseres Lebens – nicht Erfolg, Reichtum oder Anerkennung. Wir suchen deine Wegweisung und von deinem Segen machen wir uns abhängig, Herr. Was immer an Profit oder persönlichem Aufstieg durch diese Sache möglich wird, wollen wir dir nicht als Schmiergeld hinhalten, um auch in Zukunft deinen Segen zu erlangen, sondern als ein Opfer, das deinem Namen Ehre macht."

Dann zog irgendjemand Bill den Teppich unter den Füßen weg. Seine ganze Welt schien ins Wanken zu geraten, als ob eine Rakete an der Startbasis von Cape Canaveral explodiert und wie ein gigantisches Monster auseinanderbricht, um alles mit sich zu reißen, was sich in seiner Nähe befindet.

Der Deal platzte. Und was noch schlimmer war, dass die andere Firma, die dem Geschäftsabschluss zugestimmt hatte, nicht nur die sorgfältig ausgearbeiteten Konditionen des Deals bewusst verletzte, sondern alles auch noch so darstellte, als sei Bill der Schuldige. Der Geschäftsführer der anderen Firma sah sich mit Problemen konfrontiert, die er selbst heraufbeschworen hatte, und dann drehte er aus

Angst, und um sich selbst zu schützen, die Dinge so hin, dass der Deal platzte und Bill als Verursacher des Problems erschien. Erschwerend kam noch hinzu, dass der Geschäftsführer sich selbst als Christ bezeichnete und von vielen als ein Mann mit hohen moralischen Werten angesehen wurde. Aber nun war es Bill, dem man die hohen Verluste zuschrieb. Seine Weitsicht und Führungsqualitäten wurden in Frage gestellt und seine Integrität als Geschäftsmann war auf einmal keinen Pfifferling mehr wert. Es gab jedoch ein „Hintertürchen".

Das unredliche Geschäftsgebaren der anderen Firma – und die bewusste Vertuschung, mit der Bills guter Ruf befleckt wurde – hätte vor Gericht leicht nachgewiesen werden können. Bill hätte nur Anzeige erstatten und seine Vorwürfe öffentlich machen müssen. Dann wäre er rehabilitiert gewesen, auch wenn der Deal nicht mehr zu retten gewesen wäre. In dieser Situation sprach der Heilige Geist durch das Wort Gottes zu Bill und forderte ihn auf, entgegen aller menschlichen Vernunft darauf zu vertrauen, dass Gott selbst handeln würde.

Und so schrie Bill zu Gott, während der Zorn der Anleger wie eine drohende Wolke über ihm schwebte und die Angestellten seiner Firma an ihrem sonst so zuverlässigen Vorgesetzten zweifelten. Er fühlte sich verbittert, verwirrt und verzweifelt: „Herr, ich verstehe das einfach nicht! Du kennst mein Herz. Du weißt, dass ich immer wieder deine Führung gesucht habe. Warum musste es jetzt so kommen, Herr? Die Expansionsmöglichkeiten, die uns gerade entgehen, sind mir egal – und das weißt du auch! Aber warum hast du mich diesen Hunden der Ungerechtigkeit zum Fraß vorgeworfen?"

Seine Klage gelangte vor den Thron Gottes. Sie zeugte nicht von Rebellion, sondern war vielmehr ein Schrei der Verzweiflung angesichts der Unverständlichkeit dieses Geschehens. Bill neigte immer wieder seinen von der seelischen Last gebeugten Körper vor Gott im Gebet. Dann eines Tages, als er wieder sein Herz vor dem Thron Gottes ausschüttete, erschall aus dem Wort Gottes heraus eine deutliche Antwort: „Zieh nicht gegen deinen Bruder vor Gericht. Verteidige dich nicht selbst. Denn ich will es sein, der für dich streitet!" (vgl. 1. Korinther 6,1-7 sowie die Psalmen 7,12; 59,16-17 und 62,1-8).

Bill machte sich die Worte Jesu aus Psalm 22 bewusst – den Schrei: „Mein Gott, mein Gott!", den sein Erlöser am Kreuz ausgerufen hatte – und das half ihm im Ringen um die richtige Entscheidung. Er beschloss: „Der Deal mag geplatzt sein, mein Ruf dahin, aber ich werde mich nicht selbst verteidigen." Dieser Entschluss widersprach aller menschlichen Vernunft, doch Bill entschied sich, seine Klagen, seine Fragen und seine Selbstrechtfertigung allein Gott gegenüber zu äußern. Was daraus wurde, ist beinahe zu gut, als dass man es glauben möchte – wo doch menschliche Zweifel, Ängste und Wut über erlittenes Unrecht eher Vergeltung und Rache fordern. Es dauerte eine ganze Weile und lange sah es nicht so aus, als würde sich je etwas an der Situation ändern. Tagtäglich stand Bill vor der Herausforderung, an seinem Vertrauen festzuhalten und seine Sache Gott zu überlassen. Doch dann zeigt sich auf einmal eine

Lösung, die alle Probleme beantwortete. Der Deal wurde neu verhandelt und abgeschlossen. Keine Seite verlor das Gesicht. Alle Ungerechtigkeiten wurden bereinigt. Und Bill behielt seine Erkenntnisse über die ganze Geschichte für sich – auch im Nachhinein.

Es kostet uns etwas, wenn wir beschließen, die harten Fragen, die an unseren hoffnungslosen Tagen unsere Gedanken und unsere Seele quälen, Gott zu stellen. Dann müssen wir bereit sein, seine Antwort zu hören, und die schwere Entscheidung treffen, ob wir uns seinem Willen unterwerfen wollen. Trotzdem bleibt es eine beinharte Tatsache, eine unumstößliche Zusage seines Gotteswortes und eine zeitlos gültige Zusicherung: Unser Schrei wird niemals auf taube Ohren treffen. Und wir werden immer eine Antwort bekommen – zu der Zeit, die Gott dafür bestimmt hat. Und seine Antwort wird immer – ich betone, immer – zu unserem Besten sein.

* * *

Gab es je ein unerklärliches Ereignis, dass Sie an Gottes Verheißungen zweifeln ließ – und sei es nur für einen Augenblick? Fiel es Ihnen schon einmal schwer, an der Hoffnung festzuhalten, weil Ihre Zukunft völlig im Dunkeln lag? Jesus versichert uns, dass er selbst der Anfang und das Ende ist, und er sagt uns: „Wer überwindet, der wird es alles ererben" (Offenbarung 21,6-7). Lesen Sie dazu Hebräer 11.

Kapitel 7

Seien Sie Mensch genug, um Ihre Not einzugestehen

Mich dürstet.

Jesus in Johannes 19,28

Von all den Worten, die Jesus vom Kreuz herab sprach, stehen sein fünfter und sein sechster Ausspruch in einem besonders engen Zusammenhang – und dass, obwohl ihr Inhalt grundverschieden ist. Doch der Evangelienbericht in Johannes 19,28-30 zeigt ganz deutlich, dass Jesus aus einem ganz bestimmten Grund um etwas zu trinken bittet. Es geht nicht um das Offensichtliche – dass er einfach nur Durst gehabt haben könnte –, obwohl die Qualen am Kreuz sicher Grund genug gewesen wären, um einen Schluck Wasser zu bitten. Dehydration dürfte durchaus ein Problem gewesen sein: die hohe körperliche Belastung, der viele Schweiß, den ein solcher Stress verursacht, vom Blutverlust ganz zu schweigen. Zudem hatte Jesus zuvor das ihm angebotene Getränk abgelehnt, da es einen schmerzlindernden Stoff enthielt, der vermutlich nicht nur sein Durstempfinden gemindert, sondern auch seine geistliche Wachsamkeit gedämpft hätte (vgl. Markus 15,23). Doch das Lamm auf Golgatha entschloss sich, Herr der eigenen Sinne zu bleiben. Es ging ihm nicht darum, dem Schmerz zu entfliehen oder es sich vorübergehend leichter zu machen.

Dass Jesus um etwas zu trinken bat, hatte einzig und allein mit seiner Botschaft zu tun. Dies macht auch die biblische Gesamtschilderung deutlich. Jesus war das menschgewordene Wort Gottes, und nun wollte er seine letzte Predigt halten – eine Botschaft, die für alle Zeiten Gültigkeit besitzen sollte und die er von der Kanzel des Kreuzes verkündigen würde. Dafür brauchte er eine klare Stimme. Was er zu verkündigen hatte, sollte nicht durch Räuspern oder Stimmversagen zunichte gemacht werden. Nein, es sollte wie Posaunenklang in die Welt hinausschallen, um über die Jahrhunderte hinweg für alle Menschen vernehmbar zu sein. Doch damit das gelingen konnte, brauchte er Unterstützung.

Lassen Sie es mich ganz deutlich sagen, weil wir viel von diesem sehr hoffnungslosen, sehr schlimmen Tag lernen können: Ja, Jesus lag im Sterben; aber trotzdem blieb er in dieser Situation der Handelnde! Was geschah, geschah nach seinem Willen!

Ja, er hätte eine ganze Heerschar an Engeln aufbieten können, um sich aus dieser Situation zu befreien. Und ja, es stimmt, dass niemand ihm das Leben nehmen konnte. Doch er selbst beschloss, sein Leben hinzugeben.

In diesem Augenblick ist die Tatsache, dass Jesus die Fähigkeit besaß, so zu handeln, wie es seinem

Willen entsprach, von zentraler Bedeutung. Nur dann können wir die nächste Wahrheit erfassen, die uns durch unsere hoffnungslosen Tage hindurchtragen wird. Diese Wahrheit lautet:

Jesu Bitte um einen Schluck Wasser soll uns daran erinnern, dass niemand so viel Willenskraft, so viel geistliche Reife und so viel Eigenständigkeit besitzt, dass er einen hoffnungslosen Tag ohne die Hilfe anderer Menschen durchstehen könnte.

Was wir daraus lernen können, zeigt sich nicht nur aus der Tatsache, dass Jesus sein Bedürfnis äußerte, sondern auch in der Art, wie er dies tat. Es ging ihm, wie wir festgestellt haben, darum, dass die Botschaft, die er gleich verkünden sollte, klar zu verstehen war. Und auch hier zeigen sich Parallelen zu unseren hoffnungslosen Tagen.

Hoffnungslose Tage können unseren Blick auf das Wesentliche verschwimmen lassen und unseren Worten ihre Kraft rauben. Sie können sich wie Nebel um unsere Gedanken legen und uns im Innersten verunsichern. Wir werden versucht, vage Halbwahrheiten von uns zu geben, wenn wir nicht bereit sind, unsere Not anderen mitzuteilen. Wenn wir uns an unseren hoffnungslosen Tagen jedoch so demütig machen, andere um Hilfe zu bitten, kann das unser Vertrauen in Gott umso deutlicher offenbaren. Es geht hier nicht darum, dass wir bei wohlmeinenden Menschen eine unsichere Zuflucht suchen, wo wir unsere Klagen abladen und uns selbst bemitleiden können. Doch auch wir brauchen Ermutigung – so wie Jesus das bitter schmeckende Getränk, das man

WENN WIR UNS AN
UNSEREN HOFFNUNGSLOSEN
TAGEN JEDOCH SO DEMÜTIG
MACHEN, ANDERE UM HILFE ZU
BITTEN, KANN DAS UNSER
VERTRAUEN IN GOTT UMSO
DEUTLICHER OFFENBAREN.

ihm reichte, brauchte, weil es ihm half, sein Bekenntnis des Glaubens mit fester Stimme äußern zu können. Anna und ich machten diese Erfahrung an jenem unseligen Tag, als das Telefon klingelte und man uns den pathologischen Bericht zu einer Biopsie mitteilte, die an einem Polypen aus Anna Darm vorgenommen worden war.

Es gibt wohl nur wenige Dinge, die unseren Glauben stärker lähmen, als das Wort „Tumor". Im Angesicht dieser Bestie, die jedes Jahr unzählige Menschen das Leben kostet, an der Hoffnung festzuhalten, grenzt schon beinahe an bewusste Verleugnung. Da hilft es uns auch nicht, wenn leidenschaftliche Forscher alle Anstrengungen unternehmen, diesen düsteren Feind zu bekämpfen. Wenn Tumorleiden die eigene Familie treffen, dann verfinstert sich die Welt unter einer dunklen Wolke.

Wir werden beide nie vergessen, wie wir uns nach dem Anruf auf den Weg zum Arzt machten. Er war verständnisvoll, freundlich und sensibel, aber er war auch professionell, realistisch und redete offen mit uns. Es gab einige Maßnahmen, die man ergreifen konnte: eine operative Entfernung, dann postoperative Chemotherapie, alles Maßnahmen ohne Garantie auf Erfolg. Nur bei einem Teil der Patienten glückte die Entfernung oder Eindämmung des Tumors.

Es war ein sonniger Frühlingsnachmittag an jenem hoffnungslosen Tag, als wir in die nahen Berge fuhren, um zu reden – oft mit brechender Stimme und den Tränen nahe. Die stille Schönheit dieses Ortes konnte uns nicht trösten.

Mit der linken Hand umklammerte ich das Lenkrad, meine Rechte aber blieb stets mit Anna in Kontakt, während wir gemeinsam die verschiedenen Behandlungsmöglichkeiten durchgingen. Manchmal strich ich sanft über ihre Hand, manchmal tätschelte ich ihr zur Ermutigung das Knie. Und manchmal streichelte ich einfach nur ihren Unterarm und wurde mir dabei bewusst, dass der Körper dieser Frau, die mir mehr bedeutete als jeder andere Mensch auf dieser Erde, den Tod in sich trug. Unser Gespräch war keineswegs so, also ob wir uns den Tatsachen kampflos ergeben würden.

Anna und ich hatten über die Jahre für Hunderte von Menschen gebetet. Viele waren geheilt worden, aber auch viele gestorben. Nun waren wir es, die mehr brauchten als nur unser eigenes Gebet. Die Ärzte, die sich um sie kümmerten, waren ausgezeichnet, und so waren wir uns sicher, dass sie die besten Chancen hatte. Und wir wussten vor allem auch, dass ihr Leben in Gottes guten Händen lag. Zudem stand uns eine liebevolle Familie zur Seite, an deren Anteilnahme und Unterstützung wir nicht zu zweifeln brauchten. Doch eine Frage stellte sich uns: Wie sprechen wir mit unserer Gemeinde über diese Not?

Eine so große Gemeinde wie unsere leiten zu dürfen, beinhaltet bestimmte Schwierigkeiten. Zehntausend Mitglieder, das mag zwar beeindruckend klingen, aber letztlich ist jeder Einzelne ein Schäfchen auf der großen Weide unseres Guten Hirten. Egal wie viele Menschen es sind, die einen „Pastor" nennen, es bedarf einer gewissen Umsicht, wenn es um die Frage geht, wie viel man gegenüber den Gemeindegliedern über die eigene Not preisgibt. Denn einerseits ist man selbst ein Schaf auf Gottes Weide, andererseits ist man vom Herrn zum Hirten über die Herde eingesetzt.

Wir hatten keine Angst davor, zu „menschlich" zu erscheinen. Ganz im Gegenteil, wir haben unsere Menschlichkeit nie versteckt oder vorgegeben, „über den Dingen" zu stehen. Wir fühlten uns auch nicht genötigt, einen besonders großen Optimismus an den Tag zu legen oder anderen zu beweisen, dass wir fest daran glaubten, Gott werde unseren Glauben oder unseren gemeinsamen Dienst durch ein Wunder bestätigen. Wir stellten uns vielmehr die Frage, wie viel wir unserer Herde von unserer persönlichen Not mitteilen sollten. Unsere Gefühle diesbezüglich waren geteilt: Erstens wollten wir unsere Gemeinde nicht aus Eigeninteressen emotional ausnutzen, wo diese Menschen doch selbst viel mehr Liebe und Unterstützung brauchten als wir. Zweitens wollten wir die unsicheren, in ihrem Glauben noch ungefestigten Schafe nicht entmutigen; denn sie müssten ja miterleben, wie Menschen, die sie jenseits aller menschlichen Probleme wähnen, nun selbst eine ganz große Not zu bewältigen haben. Und drittens fragten wir uns, ob die öffentliche Erwähnung von Annas Krankheit nicht womöglich eine gutgemeinte, aber fehlgeleitete Welle von Hilfsangeboten und Ratschlägen auslösen würde – angefangen von Menschen, die ihr „die Hände auflegen" wollten, bis hin zu jenen, die Informationen zu allerlei alternativen Heilmethoden aufbieten würden. Wir hatten nichts dagegen, dass uns Menschen ihre Hilfe anboten, aber wir waren uns nicht sicher, wie viel Besucherverkehr wir verkraften würden, egal wie gut es gemeint war.

An diesem Tag fanden wir durch Gespräch und Gebet zu *dem* Schluss, der uns als einziger mit dem Wort Gottes und mit dem Heiligen Geist im Einklang zu stehen schien – mit den beiden verlässlichsten Bezugspunkten also, die man sich nur denken kann. In den darauffolgenden Tagen trafen wir uns mit unseren wichtigsten Mitarbeitern sowie mit den Ältesten der Gemeinde und erläuterten ihnen die Situation. Wie wir es erwartet hatten, erfuhren wir von ihnen sowohl liebevolle Unterstützung als auch die Bestätigung unseres zuvor gefassten Entschlusses.

Am darauffolgenden Sonntag – acht Tage nachdem wir den medizinischen Befund erfahren hatten – stellten wir uns unserer Gemeinde. Die Ältesten hatten ein Abendmahl vorbereitet, und so versammelten wir uns in der Gegenwart Gottes. Bevor wir Annas Erkrankung erwähnten, hielt ich eine kurze Predigt über den Leib Christi, an dem jedes Glied die anderen Glieder braucht (vgl. Römer 12,4-5; 1. Korinther 12,12-26). Dann berichtete ich über Annas Gesundheitszustand und bat die Gemeindeglieder, sich durch ihre Sorge um uns nicht von anderen wichtigen Anliegen abhalten zu lassen.

Im Grunde äußerten wir, wie Jesus am Kreuz, dass wir „durstig" waren. Es ging uns nicht darum, die Aufmerksamkeit auf uns zu ziehen oder Mitgefühl zu wecken. Wir suchten vielmehr Hilfe, um unseren Glauben zu bekennen und um – im Leben wie im Sterben – unsere Hoffnung und unseren Frieden mit anderen zu teilen.

Es wurde einer der denkwürdigsten Tage im Leben unserer Gemeinde. Es flossen Tränen, aber nicht aus Angst oder Verzweiflung. Menschen äußerten, geführt vom Heiligen Geist, Worte der Ermutigung und der Zuversicht inmitten dieser Prüfung. Diese Worte entsprangen weder religiöser Erregung noch gesetzlicher Überheblichkeit. Am Tisch des Herrn herrschte Freude, als wir uns jenseits allen Leids an den Sieg auf Golgatha erinnerten. Von dort empfingen wir auch die Hoffnung auf Heilung. Einige Älteste salbten Anna im Namen des Herrn Jesus Christus mit Öl, die Gemeinde erhob sich zum gemeinsamen Lob und dankte Gott für sein lebendiges Wort, das uns in allen Prüfungen Boden unter den Füßen gibt und uns zum Sieg führt.

Die Auswirkungen dieses Gottesdienstes waren über die darauffolgenden Tage, Monate und Jahre hinweg spürbar. Zunächst stand uns die Gemeinde in den Anstrengungen während und nach Annas Operation zur Seite, ohne sich in unserer Not und dem damit verbundenen emotionalen Aufruhr zu verlieren. Man kümmerte sich liebevoll um uns, aber niemand bedrängte uns dankenswerter Weise durch übermäßige Aufmerksamkeit.

Und Anna wurde geheilt!

Nicht von einem Augenblick auf den anderen. Und es waren durchaus auch die Hände der Chirurgen im Spiel. Wir wurden nicht unmittelbar von aller Angst befreit. Aber wir erfuhren viel Gebet und

Glauben, die uns so viel Hoffnung und Frieden schenkten, wie wir uns nur durch Gottes Wirken erklären können. Und es ist keine Frage, dass im Verlauf der Ereignisse Dinge geschahen, die menschliche Erkenntnis und Begabung weit überstiegen. Auch unsere Ärzte bekannten freimütig, dass einige medizinische Ergebnisse Zeugnis göttlicher Fügung waren. In all diesen Dingen erwies Gott sein gnädiges Eingreifen, indem er mit seiner liebevollen Kraft alles übertraf, was Menschen selbst durch größte Sorgfalt bewirken konnten. Und warum das alles? Nicht weil wir das verdient hatten. Und sicher nicht ohne die Partnerschaft einer ganzen Gemeinde, die uns sagen hörte: „Wir brauchen eure Hilfe, um unseren Weg entschlossen und im Glauben gehen zu können."

Das fünfte Wort, das Jesus vom Kreuz herab sprach, fordert uns heraus, diese Lektion als Jünger Jesu zu lernen – umso mehr, wenn hoffnungslose Tage über uns hereinbrechen. Es ist *eine* Sache, dass wir uns wappnen gegen die Stürme des Lebens, und eine andere, dass wir einander demütig bekennen, wo wir Hilfe brauchen. Das ist ein Grundsatz, den wir unbedingt beherzigen müssen: Wenn der Sohn Gottes in seinem Todeskampf am Kreuz um Hilfe bat, bin ich gut beraten, nicht zu vergessen, dass es Zeiten geben wird, in denen ich um Hilfe bitten muss – damit Menschen mich unterstützen und so zu einem Kanal der göttlichen Gnade werden können. Das zeugt weder von Unreife noch von Selbstmitleid. Hier geht es um das Gleichgewicht, von dem in Galater 6 die Rede ist – ein Wort, das sich nur scheinbar widerspricht, wenn es feststellt: „Ein jeder wird seine eigene Last tragen" (Vers 5), nachdem es zuerst hieß: „Einer trage des andern Last, so werdet ihr das Gesetz Christi erfüllen" (Vers 2). Der Urtext stellt hier die persönliche „Verantwortung" (Vers 5) der „übermäßigen Last" gegenüber, die das Leben einem jeden manchmal zuteilt.

Jesus selbst ist uns darin ein Vorbild. Er scheut nicht vor seiner Verantwortung zurück, aber er braucht Hilfe, wo er rein körperlich überlastet ist. Wenn wir den Schrei unseres Erlösers: „Mich dürstet!" hören, können wir ein weiteres Prinzip der Hoffnung für hoffnungslose Tage entdecken. In harten Zeiten brauche ich die Hilfe anderer, damit ich meinen Glauben klar bekennen kann. Wenn die Hoffnungslosigkeit meine Seele dürsten lässt, brauche ich Hände, die meinen zitternden Händen Halt geben. Ich brauche Hände, die mir zu trinken geben und so das Höllenfeuer des Zweifels und der Angst kühlen. Ich brauche Hände, die mir helfen, Gottes Gnade zu erkennen und zu wissen, dass er mir auch morgen noch Zukunft und Hoffnung geben wird.

* * *

Fällt es Ihnen schwer, anderen zu zeigen, wie es Ihnen geht? Wenn ja, ist es schade, denn Sie verpassen Ermutigung. Wenn wir auf Jesus Christus vertrauen, werden wir Glieder an seinem Leib. Dann verbindet uns *heute schon* die Fülle des Lebens, das er uns schenkt, und wir erfahren seine Hoffnung in Ewigkeit. Lesen Sie dazu Epheser 4.

Kapitel 8

Seien Sie gewiss:
Es gibt einen Sinn und ein Ziel!

„Es ist vollbracht!"

<small>JESUS IN JOHANNES 19,30</small>

Tetelesthai – Es ist vollbracht!

Das wichtigste Wort des griechischen Neuen Testamentes lässt sich als die wohl triumphalste Äußerung in der Geschichte der Menschheit übersetzen. Sie enthält eine Prophetie und bereits ein Wort des himmlischen Vaters. Jesus, der Sohn Gottes, prophezeit, dass sein rettendes Handeln kurz vor der Vollendung steht, und er nimmt bereits *vor* dem tödlichen Finale am Kreuz den für alle Menschen gültigen Heilserlass seines Vaters vorweg. Das Versöhnungsopfer des Lammes soll nun die ewige Erlösung bringen.

Die Befreiung der Menschheit ist nun ebenso greifbar wie die Befreiung Israels aus der ägyptischen Herrschaft mehr als ein Jahrtausend zuvor.

Der Tag der Erlösung für diese Welt ist angebrochen, und die Ketten, welche die Menschheit an

Sünde, Scham und Verdammnis banden, sollen nun zerbrechen. Es sind die bedeutendsten Worte, die unser Erlöser vom Kreuz herab spricht, doch es sind nicht seine letzten. In Kürze wird er seinen Geist in die Hände des Vaters befehlen. Doch er besitzt bereits jetzt Gewissheit: Die Worte, mit denen er seinen Triumph verkündigt, werden überall gehört. Nun ist der Boden bereitet – in zweifacher Hinsicht: gefallene Menschen dürfen zurückkehren in die Gemeinschaft mit dem Vater und die Mächte der Finsternis werden zurückgedrängt und verlieren ihre dunkle, Verdammnis bringende Macht über die Menschheit.

Das Großartige an diesen Worten ist die Tatsache, dass sie als Bekenntnis des Glaubens einen so endgültigen Charakter besitzen. Hier wird ein Ultimatum verkündigt, das absolute Gültigkeit besitzt, obwohl der Sieg noch nicht sichtbar ist. „Es ist vollbracht!" – das ist die Aufforderung des Gottessohnes, sich seiner unbeirrbaren Überzeugung anzuschließen, *dass es nun wegen des Kreuzes nichts mehr geben wird, das ohne Sinn und Ziel bleibt.*

Kein Ringen muss mehr sinnlos bleiben.

Kein Leid muss je wieder endlos sein.

Der Herr verkündet nicht nur, dass die Erlösung voll und ganz errungen ist. Auf dem Höhepunkt dieses für ihn so schweren Tages ruft er uns auf, uns auch in unseren Leidenskämpfen an dieser Wahrheit festzuhalten. Er lehrt uns, im Licht dieser Wahrheit zu leben:

Zum einen dürfen wir wissen, dass nichts uns angreifen darf, ohne dass Gott seine Hand über uns hält – egal ob es sich um Menschen, Mächte, äußere Umstände oder eigene Schwachheit handelt. Seine Hand ist da und sie hat die Macht und die Fähigkeit, uns durch unsere schweren Tage zu bringen und weit darüber hinaus. Das soll aber nicht heißen, dass Gott der Urheber all der schlimmen Dinge wäre, die Menschen widerfahren. Das Böse geschieht durch das hasserfüllte Wirken der Höllenmächte oder durch menschliche Sünde, Versagen und Rebellion, welche die Probleme heraufbeschwören. Doch über alledem gilt uns die Verheißung, dass wir Erben der Erlösungstat Christi sind.

Zum zweiten sollen uns die Worte Jesu „Es ist vollbracht!" lehren, dass wir Gottes souveräne Gegenwart und Macht in unsere hoffnungslosen Tage hinein einladen und ausrufen dürfen – auch wenn wir noch mitten im Kampf stehen. Seine triumphale Gnade wird mitten in der Schlacht freigesetzt, um schließlich das zu erreichen, was Gottes Wille ist.

Es gehört zu den unglaublichsten Tatsachen dieses Universums, dass der Höchste – der Schöpfer von Himmel und Erde – darauf wartet, von sterblichen Menschen in ihr Leben und ihre Not eingeladen zu werden. Und wenn dies geschieht, dann steht die unendliche Macht Gottes, mit der er jede Lebenslage verwandeln kann, zum Eingreifen bereit. Gott besitzt ein Maß an Weisheit und Macht, das größer ist als selbst die schlimmsten Auswüchse der grauenhaftesten Tage, die Menschen je erleben werden.

Das Kreuz ist ein Zeugnis dieser Macht. Wenn Sie einen schweren Tag durchzustehen haben, sollten Sie nicht versuchen, Gottes Erlösungsplan für Ihre Situation in seiner vollen Größe zu entschlüsseln. Vertrauen Sie nur darauf, dass Gottes Macht in diesem Moment am Wirken ist. Zweifeln Sie nicht daran! Sein Ausruf „Es ist vollbracht!" wird für uns zum Aufruf, an dieser Zusicherung festzuhalten: Gottes souveräne Macht wird am Ende unseres hoffnungslosen Tages den Sieg behalten.

Das Baby von Karl und Pamela war tot. Das Leid dieser Familie hatte bereits vor Monaten begonnen, als ein schrecklicher Tumor im Gehirn des Säuglings entdeckt worden war. An jenem Sonntagmorgen klingelte bei uns zu Hause das Telefon. Ich drückte dem Freund der Familie, der mich über den Tod des Kindes informierte, mein Beileid aus. Dann fuhr ich ins Krankenhaus. Karl und Pam gehörten zu unserer Gemeinde: Die beiden waren ein gutes Ehegespann und hatten bereits drei Kinder. Sie hatten sehr auf eine Heilung von Jason, ihrem Jüngsten, gehofft, damit das Gleichgewicht von „zwei Jungs und zwei Mädchen", wie sie immer sagten, gewahrt bliebe.

Am Tag zuvor hatte ich bereits viel mit den beiden geweint. Wir hatten gemeinsam gebetet und immer wieder die Worte gesprochen, die Gott mir aufs Herz gelegt hatte: „Herr, erhalte diesen kleinen Jungen – hin zum Leben! Herr, … hin zum Leben!" Ich wusste nichts anderes zu beten und ich versuchte auch keine Interpretation dieser Worte, die ich da aussprach. Ich habe schon herrliche Berichte über Wunder gehört, gerade wenn es um Kinder ging. Oft schon hatte Gottes schöpferische Wiederherstellungskraft scheinbar ausweglose Situationen in einen Sieg des Lebens verwandelt. Auch in unserer Gemeinde hatten wir einige solche Wunder erlebt, aber ich hatte nie den Eindruck, es sei mein Recht oder meine Pflicht, solche Wunder im Voraus anzukündigen. Trotzdem betete ich voller Leidenschaft: „Hin zum Leben!" – „Hin zum Leben!" Und nun, einen Tag später, machte ich mich auf, um diesem Ehepaar in seiner Not Trost zu spenden; der Tod hatte scheinbar die Oberhand gewonnen.

Ich bog aus der Vorortsiedlung, in der wir lebten, aus und verlangsamte mein Tempo, um an der nächsten Ampel anzuhalten. Es war noch früh am Morgen und außer mir befand sich kein anderer Wagen auf der Straße. Während ich verlangsamte, entdeckte ich etwas Kleines auf dem Fußgängerüberweg an der Kreuzung. Nachdem ich angehalten hatte, stieg ich aus (es war ja niemand da, der von hinten gedrängelt hätte), um nachzusehen, was es war. Irgendetwas drängte mich, nach diesem kleinen Etwas zu sehen. Ich kann mir diesen Impuls nur als ein Wirken des lebendigen Gottes erklären. Er ist es, der Zeichen und Wunder tut. Dort auf dem Fußgängerüberweg lag ein toter Spatz – sein Kopf war komplett abgerissen! Als das sah, hörte ich tief in meinem Innern eine Stimme, die nicht von menschlicher Logik geleitet war. Die Botschaft war klar und deutlich in meinem Bewusstsein verankert: *„Und doch fällt nicht einmal ein Spatz auf die Erde, ohne dass euer Vater es weiß. … Habt also keine Angst: Ihr seid Gott mehr wert als ein ganzer Schwarm Spatzen!"* (Matthäus 10,29.31; GN).

Ich setzte mich wieder ins Auto und fuhr weiter zum Krankenhaus. Meine Augen waren nass vor Tränen und meine Gedanken jagten sich gegenseitig, während sich in meinem Herzen die Gewissheit ausbreitete, dass Gott dem Leid von Karl und Pamela einen tiefen Sinn geben wollte. Egal wie andere darüber denken mochten, ich hatte gerade ein Zeichen gesehen, denn es gab keine andere Erklärung für diesen kopflosen Spatz auf der Straße, als dass Gott es so gewollt hatte. Hätte eine Katze den Vogel gefangen und den Kopf abgebissen, hätte sie dessen Körper nicht liegen lassen. Hätte ein Auto den Vogel getötet, hätte auch der Kopf auf der Straße gelegen. Was auch immer geschehen war – und dass auch noch gerade in dem Augenblick, als ich dort vorbeifuhr –, die Botschaft war eindeutig: *Dieses Baby, dessen Kopf die Krankheit geraubt hat, ist zwar von uns gegangen, aber der Vater im Himmel will dich daran erinnern, wie kostbar und wertvoll dieses Kind für ihn ist!*

Dies so eindrücklich zu spüren, war die eine Sache. Doch meinen Eindruck einem Ehepaar mitzuteilen, das gerade einen schrecklichen Verlust erfahren musste, war eine ganz andere Sache. Ich fürchtete, dass es ihnen – trotz meiner persönlichen Überzeugung – gekünstelt vorkommen musste. Doch diese Unsicherheit verlor sich in dem Augenblick, als ich das Krankenzimmer betrat und sah, wie Karl, Pam und das Ehepaar, das mich gerufen hatte, sich in den Armen lagen. Kaum zu glauben, sie lobten Gott und priesen seine Güte! Diese Menschen waren keine religiösen Freaks oder Fanatiker, die eine Tragödie mit einem Lächeln wegwischen und irgendein triviales Zitat anführen wie: „Alles wird gut, wenn man nur genug daran glaubt." Diese Menschen besaßen einen gesunden Menschenverstand, aber sie waren auch von der Gnade Gottes erfasst worden. Die tröstende Gegenwart des Heiligen Geistes hatte sie davon überzeugt, dass sich jenseits dieser Tragödie das großartige Wirken Gottes entfaltete. Sie machten Gott keine Vorwürfe. Sie warfen auch ihren Glauben nicht über Bord, weil das Unfassbare geschehen war. Sie ergingen sich nicht in theologischen Phrasen oder philosophischen Erwägungen. Nein, sie waren geborgen in den Armen des Vaters und konnten seinen Herzschlag spüren, der ihnen versicherte: *Dieses kurze Leben, das Jason blieb, hat seinen Sinn, und eure Trauer wird nicht endlos sein.*

Sie begrüßten mich herzlich und berichteten mir dann, wie Gott sie ganz sanft auf den Tod ihres Babys vorbereitet hatte. Gemeinsam beteten wir. Als ich spürte, welches Wunder der Heilige Geist in diesen beiden trauernden Menschen vollbracht hatte, wagte ich, ihnen von meinem Erlebnis auf der Fahrt zum Krankenhaus zu erzählen. Inzwischen konnte ich ahnen, wie sie reagieren würden. Es war für keinen eine zu große innere Spannung, von meinem Erlebnis zu hören, selbst wenn es ihren Glauben auf die Probe stellen würde. Sie waren wie elektrisiert: „In der Tat hat der Herr uns dies auch ganz deutlich gesagt, Pastor Jack. Er hat uns nicht nur von dem Schmerz befreit, den dieser Stachel des Todes in unser Herz gebohrt hat. Er bestätigt uns auch, dass wir nicht nur eine große Tragödie erleben sondern dass hinter all dem auch ein Sinn steckt."

Auf einmal lautete das übergreifende Thema dieses Tages: von der Tragödie zum Triumph. Die Situation war derart von der Gnade Gottes durchdrungen, dass ich es wagte, ein Anliegen zu äußern: „Karl, Pam, darf ich euch etwas fragen. Ich möchte nicht, dass es so aussieht, als wolle ich eure momentane Gefühlslage ausnutzen, aber darf ich euch fragen, ob es für euch in Ordnung wäre, wenn ich der Gemeinde erzählte, was euch an Leid widerfahren, aber auch was heute Morgen hier geschehen ist?" Ich traute meinen eigenen Ohren nicht. Es war jetzt 6:45 Uhr und in 45 Minuten würde der Frühgottesdienst beginnen. Ich hatte meine Predigt geschrieben, aber mein Eindruck war, dass Gott unserer Gemeindefamilie heute eine andere Botschaft mitgeben wollte. Karl und Pam waren einverstanden … und den Rest der Story schrieb Gott selbst.

Es wurde ein heiliger Moment im Leben einer ganzen Gemeinde, den Gott an diesem Tag niederschrieb. Er antwortete auf die Fragen der Menschen, die sich Gedanken machten, warum manche Menschen viel zu früh sterben müssen. Er widerlegte abergläubische Vorstellungen, die andere zu der Meinung bringen, menschliches Leid wie dieses wäre Gottes „Plan". Gott fügte einem gesunden Bibelverständnis menschliche Erkenntnis hinzu. Und so stimmten schließlich immer mehr Stimmen in das Lob Gottes angesichts dieses wunderbaren Triumphes ein. Und mehr noch: An jenem Morgen nahmen 35 Menschen Jesus Christus als ihren Herr an! (Ja, ich erzählte die Geschichte von dem Spatz, und ja, der Heilige Geist verlieh dieser Geschichte in den Herzen der Zuhörer die nötige Glaubwürdigkeit. Durch sein Handeln ging es nicht mehr um menschliche Gedankenspiele; die Geschichte erwies sich vielmehr als Gottes gnädige und erleuchtende Fügung, die uns zeigen sollte, wie persönlich sich Gott um jeden von uns kümmert.)

Es ist seine Fürsorge, die aus den Ereignissen eines hoffnungslosen Tages eine Bühne für das Wunder seines Heilshandelns machen kann. Darum haben wir auch an schwierigen Tagen trotz allem Grund zu sagen: „Es ist vollbracht!" Was Gott sich vorgenommen hat, wird sich auch erfüllen, und jede noch so große Not, die wir heute durchmachen müssen, wird ein Ende haben.

Den Abend lang währet das Weinen,
aber des Morgens ist Freude.

Psalm 30,6

Sind Sie bereit, Jesus in Ihren hoffnungslosesten Tag einzuladen, um zu erfahren, wie er für Sie sorgt? Gott ist nicht der, der unsere hoffnungslosen Tage veranlasst, aber sein Sohn Jesus kann diese Tage erlösen und vollständig in Gottes Herrlichkeit verwandeln. Lesen Sie dazu Johannes 14.

Kapitel 9

Legen Sie Ihren Tag in Gottes Hände und lassen Sie los!

Vater, ich befehle meinen Geist in deine Hände!

Jesus in Lukas 23,46

Wenn Sie am Ende eines langen, harten Tages angekommen sind, dann ist der Abschluss eines solchen Tages meist ebenso schwer wie es schon war, ihn überhaupt durchzustehen. Auf das Ende des Tages folgt oft eine lange Nacht, in der wir die Unbilden des Tages erneut durchleben und die aufbauende Kraft des Schlafes missen, die uns durch unsere Ruhelosigkeit verloren geht. Und so ist es umso wichtiger, dass wir durch diesen letzten Grundsatz für den Umgang mit hoffnungslosen Tagen von Jesu Vorbild leiten lassen.

Wenn Sie wissen, dass der Tag, der morgen auf Sie wartet, kaum anders sein wird als der, den Sie heute beenden, ist dieser Grundsatz umso dringlicher.

Hoffnungslose „Tage" können wochenlang sein, ohne dass sich viel verändert. Manche Dinge gehen einfach nicht schnell genug zu Ende, sodass unsere

Seele – unser Herz, unser Verstand und unsere Emotionen – so sehr davon gefangengenommen wird, dass wir fortwährend in denselben nicht enden wollenden Gedanken kreisen, immer wieder denselben Schmerz verspüren und Tag für Tag mit denselben Ängsten und Zweifeln konfrontiert sind – und das alles verbunden mit der einen erbarmungslosen Fragen: „Wann wird das je ein Ende haben?"

Hoffnung für einen hoffnungslosen Tag finden wir am Ende nur, *wenn wir diesen so schweren Tag in Gottes Hände legen, und ihn dann auch dort lassen*. So fand auch das unsagbare Leid auf Golgatha sein Ende. Es ist sehr wichtig, dass wir verstehen, was diese Worte Jesu bedeuten. Noch wichtiger ist aber zu verstehen, was sie nicht bedeuten. Die Worte Jesu: „In deine Hände befehle ich meinen Geist" sind ebenso wenig ein Ausdruck der Resignation wie der Ausruf: „Es ist vollbracht!" eine Niederlage markiert. Beides sind Bekräftigungen, mit denen Jesus sein souveränes Handeln benennt. Das sechste Wort Jesu bekräftigte seinen *Sieg,* das siebte drückte sein *Vertrauen* aus.

Verlieren Sie nie die Tatsache aus den Augen, dass das sterbende Lamm auch der Prinz des Lebens ist. Das Opferlamm ist zugleich der Priester. Jesus ist in einer Person das Sühneopfer, das dahingegeben wird, und der Hohepriester, der das Opfer darbringt. Es war sein Leben, das am Kreuz hingegeben wurde. Zugleich war er es, der sein Leben bewusst hingab. Und die schweren Stunden seines Todeskampfes vollbrachten dieses Ziel: Das versöhnende Blut wurde vergossen, und auf diesem würdigen Boden nahm die Gnade der Vergebung ihren Anfang, denn der Preis für die Erlösung war bezahlt. Das Blut des Opferlammes war vergossen und so blieb nun nur noch eines zu tun: Jesus musste sein Leben endgültig lassen.

Bereits Monate zuvor hatte Jesus eine unwiderrufliche Aussage zu diesem Thema gemacht: „Ich lasse mein Leben, dass ich's wieder nehme. Niemand nimmt es von mir, sondern ich selber lasse es. Ich habe Macht, es zu lassen, und habe Macht, es wieder zu nehmen" (Johannes 10,17-18). Nun war dieser Moment gekommen.

Die letzten Worte Jesu am Kreuz haben etwas Erhabenes an sich. Doch sie werden meist nicht entsprechend wahrgenommen. Wer sie übersieht, verkennt jedoch auch die Botschaft, die sie für uns als Jünger Jesu bergen. Menschlich gesehen drücken sie ein enormes Vertrauen in den Vater aus. Jesus legte die Kontrolle über sein Leben in die Hände des Vaters, nachdem er nur eine Stunde zuvor noch mit dem Gefühl absoluter Verlassenheit gekämpft hatte. Da hatte er noch die Distanz zwischen sich, dem stellvertretenden Träger unserer Sünden, und der schieren Heiligkeit des Vaters, der die Sünde nicht billigen kann, gespürt. Doch nun sagt der Sohn, der nicht mehr besitzt, als sein Vertrauen darauf, dass der Vater seinem eigenen Wort treu bleiben wird: *„Ich bin bereit, mein Leben loszulassen, und ich habe keine Angst, denn ich gebe mich und mein Leben in deine Hände."* Diese vertrauensvollen Worte, mit denen Jesus alles in die starken Hände des allmächtigen Gottes legt, sind seine abschließende Lektion, die uns lehrt, wie wir an einem hoffnungslosen Tag neue Hoffnung finden können.

Trina saß bei mir im Büro. Sie war ein Vorbild an innerer Haltung: eine attraktive Frau in den frühen Vierzigern, verheiratet mit einem erfolgreichen Arzt, sozial engagiert und kulturell gebildet. Bei alledem zeigte sie keinerlei Snobismus oder Hochnäsigkeit, welche die wahre Würde eines Menschen mit einer solch noblen Ausstrahlung oft untergraben. Trina war eine Dienerin des Herrn, und das mit Leib und Seele. Sie war erst einige Jahre zuvor zum Glauben gekommen, doch ihr geistliches Wachstum war von einer ähnlichen Demut geprägt wie ihre sanfte Würde offensichtlich von einer guten kulturellen Prägung zeugte. Leider hatte Trinas Ehemann nie zum Herrn gefunden.

Ich hatte Walt ein paar Mal in der Gemeinde gesehen und war ihm auch einmal persönlich begegnet. Zwei Dinge waren deutlich zu sehen: Zum einen besaß er eine ernst gemeinte Achtung – ja fast schon eine gewisse Ehrerbietung – für Trinas Glauben. Das war nicht nur der Form wegen, um den sozialen Konventionen Genüge zu tun, nein, Walt hatte wirklich erkannt, wie viel Leben seine Frau aus ihrem Glauben schöpfte und wie positiv sich dies auf ihr Heim und ihre Ehe auswirkte. Doch da war noch etwas anderes: Irgendwie war dieser sonst so vernünftige Mann zu der irrigen Überzeugung gelangt, er brauche die Erlösung Jesu nicht. Um es ganz platt zu sagen, er war verführt worden zu denken: „Wenn man sich Jesus öffnet, wird sich etwas ernsthaft verändern müssen im Leben; aber wer will schon nicht mehr der sein, der er ist?" Diese Haltung zeigte sich in Walts Gesichtsausdruck. Er war nicht ehrlich zu sich selbst, und das war die unvermeidliche Folge dessen, dass er, obwohl er es tief in seiner Seele besser wusste, nicht ehrlich zu Gott war. Und auch das wusste er auch. Doch nun ging es um etwas anderes. Trina war inzwischen mindestens drei Jahre lang Christ und hatte mich um einen Termin gebeten. Sie kam sofort auf den Punkt: „Pastor Jack, ich möchte Sie eigentlich weniger um Ihren Rat bitten als um Ihr Gebet. Es geht darum, dass es da etwas gibt, was ich glaube, tun zu müssen. Ich weiß, es mag radikal klingen, und vermutlich ist es das auch. Ich möchte nicht, dass Sie den Eindruck gewinnen, ich hätte den Verstand verloren, aber ich weiß nicht, wem ich es sonst erzählen könnte. Ich habe auch nicht vor, irgendjemandem außer meiner engsten Freundin Lisa davon zu erzählen."

Sie sprach weiter: „Sie haben Walt ja bereits kennengelernt und wissen, was für ein feiner Mensch er ist. Sie wissen auch, dass er kein Christ ist, obwohl er mir gegenüber offen zugegeben hat, dass er eigentlich sein Leben dem Herrn übergeben sollte. Ich denke, Sie kennen mich gut genug, um zu wissen, dass ich keine von diesen religiösen Ehefrauen bin, die ihren Männern das Leben schwer machen. Und ich denke auch, dass es mir mit Gottes Hilfe gelungen ist, seinem Wort gehorsam zu sein und so zu leben und meinen Mann so zu lieben, wie es eine Ehefrau tun sollte. Walt sieht das auch so und hat immer wieder geäußert, wie dankbar er für meine Fürsorge und Zuneigung ihm gegenüber ist."

Ich machte mich gefasst, auf das, was nun vermutlich kommen würde – eine Aussage, die ich heutzutage nur allzu häufig von christlichen Ehepartnern höre: „Ich habe alles getan, was ich konnte, aber ich bin es müde. Ich möchte mich von meinem ungläubigen Ehepartner scheiden lassen." Doch als Trina fortfuhr, ihr Gebetsanliegen darzulegen, wurde mir klar, dass ich völlig daneben lag.

„Pastor", sagte sie und senkte dabei beschämt den Blick, „ich möchte nicht ungebührlich erscheinen und ich möchte es mir nicht noch schwerer machen, als es ohnehin schon ist. Tatsache ist: Walt hat eine Affäre. Ich entdeckte dies kürzlich, als ich auf seinem Nachtisch ein Medikament fand, mit dem man Geschlechtskrankheiten behandelt. Als ich ihn darauf ansprach, gab er die Affäre zu und erklärte, er habe sich bei dieser Frau angesteckt."

„Da ich davon ausgehe, dass Sie beide in dieser Zeit Ihre sexuelle Beziehung weiter gepflegt haben, muss ich doch fragen, wie in aller Welt er reagiert hat, als Sie ihn darauf ansprachen. Schließlich hat er Sie derselben Krankheit ausgesetzt!", sagte ich.

Sie antwortete: „Es war eine Mischung aus Scham und Zerknirschung. Er verteidigte sich nicht, entschuldigte sich für sein unvernünftiges Verhalten, sagte aber auch, dass er trotz seiner momentanen Scham nicht versprechen könne, dass er derselben Versuchung nicht wieder erliegen werde."

„Dann vermute ich, Ihr Gebetsanliegen geht dahin, dass ich den Himmel bestürme, dass diese Dummheit Walt in die Arme des Herrn treiben möge", mutmaßte ich.

Sie antwortete, dass sie dies durchaus für ein wünschenswertes Gebet hielt, dass sie aber eigentlich darum bitten wollte, dass ich mit ihr für ihre eigene körperliche Gesundheit und um Schutz vor der Krankheit betete. „Wissen Sie, Pastor Jack, ich glaube, ich hätte alles Recht der Welt, mich von Walt zu trennen, oder ihm zumindest das Ehebett solange zu verwehren, bis er erstens frei von der Infektion ist und zweitens mit dieser Frau Schluss gemacht hat."

Ich nickte zustimmend, aber Trina hatte noch nicht ausgeredet: „Aber ich denke auch, dass der Herr mich dazu aufruft, Walt meine Liebe zu zeigen und so ein Zeugnis für die Liebe Gottes abzugeben, dem Walt sich nicht entziehen kann. Pastor, *ich glaube, ich sollte mich ihm sexuell nicht entziehen, obwohl ich damit meine eigene Gesundheit riskiere.*" Sie erzählte mir weiterhin, dass sie Zeitschriften gefunden hatte, die Männer in pornografischen Posen zeigten, und sie frage sich, ob Walt womöglich mit Dingen herumpfuschte, die sie selbst der Gefahr einer Aids-Infektion aussetzen könnten.

„Ich weiß, das ist radikal, Pastor, und ich hoffe sehr, Sie verstehen, dass ich das nicht aus einem verzweifelten Verlangen nach Sex oder der Zuneigung meines Mannes heraus tue, sondern, weil der Herr mich dazu bewegt. Ich kann auch ohne körperliche Nähe leben, und ich zweifle nicht daran, dass ich Walt etwas bedeute. Das Schlimme ist nur, dass seine Seele so blind ist. Und darum hoffe ich, dass ihm bewusst wird, wie grauenhaft verloren er ist, wenn ich ihn so liebe, wie Jesus uns geliebt hat und für uns gestorben ist, als wir noch Sünder waren. Walts Seele ist gebunden. Aber er ist mein Mann, und ich will alles tun, damit er zu Christus findet."

Die Haltung dieser Frau bewegte mich, wie ich mich eheliche Verbundenheit noch nie zuvor bei einem Menschen bewegt hatte. Es gab in der Bibel nichts aber auch gar nichts, dass diese Zuwendung auf Trinas Seite verlangt hätte. Im Gegenteil, die Bibel hätte es ihr erlaubt, Walt zu verlassen. In meiner ganzen Begleitung hingebungsvoller Jünger Jesu habe ich nie eine stärkere Bereitschaft erlebt, in aufopfernder Liebe einem Menschen zu dienen, der Christus braucht. Während ich um Bewahrung für sie bat, kamen mir die folgenden Worte in den Sinn: „Vater, wir legen Trinas Leben in deine Hände." Das waren die Hände, die sie jetzt schützen und ihr eine Zukunft geben konnten.

Etwa ein Jahr später verließ Walt Trina. Er entschied sich nicht für Christus – und auch nicht für seine ihm in Liebe hingegebene Ehefrau – sondern für ein Leben der Ausschweifung und der moralischen Verirrung. Und was wurde aus Trina? Sie steckte sich nie bei ihm an, obwohl sie bis zu dem Tag, an dem er ihr ankündigte, sie zu verlassen, seine treue Ehefrau und Geliebte blieb. Trina hielt an Christus fest, und obwohl ich sie seit Jahren nicht mehr gesehen haben, weiß ich, dass sie noch immer eine gute Beziehung zu ihren Kindern und zu ihrem Erlöser pflegt. Ich habe die Art und Weise, wie Trina ihr Leben hingab, nie als Vorbild für andere hingestellt, aber ihr Handeln bildet doch einen deutlichen Kontrast zu dem Verhalten vieler Christen, die sich von ihren Ehepartner trennen, weil sie sagen, die Ehesituation sei „hoffnungslos". Und die Ehe ist nicht der einzige Bereich, in dem wir zwischen dem Hoffnungslosen und dem Schlechten hindurchmanövrieren müssen. Es gibt unzählige Themen im Leben, in denen wir aufgefordert sind, dem Weg Jesu zu folgen, um einem hoffnungslosen Tag neue Hoffnung einzuhauchen. Diese Themen lösen sich meist nicht so rasch auf, wie wir es gerne hätten, und sie rufen uns immer und immer wieder auf, unters Kreuz zu kommen und die Worte Jesu zu hören.

In Philipper 3 spricht der Apostel Paulus von seinem lebenslangen Ziel, Christus „in der Kraft seiner Auferstehung" zu erfahren. Er wollte die Kraft jener übernatürlichen Dimension des Lebens erfahren, die Jesus selbst als „die Fülle" bezeichnet. Das ist das Leben, das er uns allen geben will. Doch diese Worte, die uns einen Hinweis darauf geben, wie wir Christi Lebenskraft in der Fülle erleben können, stehen nicht allein. Begleitet werden sie von einem weiteren Gedanken, mit dem der Satz endet: „Ihn möchte ich erkennen und die Kraft seiner Auferstehung *und die Gemeinschaft seiner Leiden und so seinem Tode gleich gestaltet werden*" (Vers 10). Der Kurs ist also klar abgesteckt: Es geht immer um „den Weg des Kreuzes". Das Kreuz Jesu Christi ruft uns nicht nur zu ihm, der allein der Weg, die Wahrheit und das Leben ist; der als Einziger den Schlüssel zum ewigen Leben hat; der uns einlädt, durch das Sündenbekenntnis seine Vergebung und Kraft zu empfangen und den Glauben an den Sohn Gottes und alleinigen Erlöser zu ergreifen. Nein, das Kreuz fordert uns auch auf, ein Leben zu führen, das in allen Beziehungen und Vorhaben von Gottes Weisheit und Willen bestimmt wird und das angesichts der größten Herausforderungen und Prüfungen dem Vorbild Jesu folgt. Der Eine, der gestorben ist, um uns Leben in Fülle zu schenken – und einst das ewige Leben –, antwortet auf den hoffnungslosesten Tag in der Geschichte der Menschheit so, dass er uns ein Vorbild für unsere hoffnungslosen Tage hinterlässt:

- Vergeben Sie all denen, die es sich in den Sinn gesetzt zu haben scheinen, ihr Leben zu zerstören.
- Ermutigen Sie andere, die zu kämpfen haben und verunsichert sind, auch inmitten Ihrer eigenen Herausforderungen.
- Achten Sie darauf, sensibel und liebevoll mit anderen umzugehen, und kümmern Sie sich um die, die Ihnen nahestehen.
- Wenn Sie vor scheinbar unbeantwortbaren Fragen stehen, stellen Sie Ihre Fragen Gott, nicht Menschen.
- Seine Sie sich nie zu gut, um anderen mitzuteilen, wo Sie Hilfe brauchen – egal wie kompetent Sie sind.
- Akzeptieren Sie mit innerer Gewissheit die Tatsache, dass Gottes Wege immer einen Sinn und ein Ziel haben.

Und schließlich, nachdem alles gesagt und getan ist:

- Legen Sie alles in Gottes Hände und lassen Sie los.
- Das alles können wir erkennen, wenn wir unseren Blick fest auf Jesus gerichtet haben. Diese Grundsätze werden Sie durch *jeden* „hoffnungslosen" Tag bringen – und weit darüber hinaus.

DER EINE, DER GESTORBEN IST, UM UNS LEBEN IN FÜLLE ZU SCHENKEN — UND EINST DAS EWIGE LEBEN —, ANTWORTET AUF DEN HOFFNUNGSLOSESTEN TAG IN DER GESCHICHTE DER MENSCHHEIT SO, DASS ER UNS EIN VORBILD FÜR UNSERE HOFFNUNGSLOSEN TAGE HINTERLÄSST.

Es gibt ein Staunen, das meiner Seele aufhilft,
egal wie dunkel der Tag auch sein mag.
Es gibt eine Herrlichkeit, die alle Verzweiflung vertreibt.
Denn es gibt einen Mann, der starb, um den Stein wegzurollen,
der das Licht der Hoffnung vor meinen Augen verstellt.
Dort begegnet er mir.

Er ist immer gegenwärtig, immer da,
immer nur einen Schritt von meiner Angst entfernt.
Er reicht dir seine Hand – jetzt, in deine Not hinein.
Hebe deine Augen auf und richte deinen Blick auf ihn.
Er ist deinen Weg vorausgegangen.
Und er weiß, dass dieser Weg zu neuer Hoffnung führt.

Der Tod konnte ihn nicht halten.
Am Ostermorgen besiegte er alle Macht des Todes.
Keine noch so große Hoffnungslosigkeit kann ihn hindern,
dir zu begegnen.

Und er wird bei dir bleiben,
bis sich all deine Hoffnungen erfüllt haben.
Denn er hat im Sinn dich zu segnen.
Und das Beste daran ist – so ist es Gottes Wille.

* * *

Gibt es etwas in Ihrem Leben, das Sie noch loslassen und in Gottes Hände legen sollten? – Vielleicht eine Beziehung, in der Sie verletzt wurden, oder ein Traum, der sich nicht erfüllt hat. *Vertrauen Sie es noch heute Gott an!* Sie sind Gott ungeheuer wichtig, er hat vor, Ihnen Zukunft und Hoffnung zu geben. Lesen Sie dazu Psalm 139!

Kapitel 10

Hoffnung – heute …
und in alle Ewigkeit

Gelobt sei Gott, der Vater unseres Herrn Jesus Christus, der uns nach seiner großen Barmherzigkeit wiedergeboren hat zu einer lebendigen Hoffnung durch die Auferstehung Jesu Christi von den Toten.

1. PETRUS 1,3

Eines muss noch gesagt werden.

Jesus *blieb* nicht am Kreuz.

Auf den hoffnungslosen Freitag – den Tag, der in englischsprachigen Ländern der „gute Freitag" genannt wird und der doch so furchtbar schlecht erscheint – folgt ein Sonntagmorgen.

Ein Morgen voller Hoffnung.

Ein Morgen, an dem ein Engel am geöffneten Grab Jesu steht und die hoffnungsvollsten Worte spricht, die die Welt je gehört hat: *„Er ist nicht hier; er ist auferstanden, wie er gesagt hat"* (Matthäus 28,6).

Dies ist eine Realität, die sowohl der Zündfunke als auch das Öl ist, dass *alle bleibende* Hoffnung entzündet und am Brennen hält! Wenn die hoffnungslosen Tage uns alle Zuversicht rauben wollen, dann gibt es nur einen Grund, neue Hoffnung zu schöpfen: Weil Jesus am Kreuz gestorben ist. Er hat dadurch der Ursache aller Hoffnungslosigkeit das Genick gebrochen – unserer Sünde, unserem Versagen, unserer Schwachheit ebenso wie den Fallstricken der Versuchung, satanischem Treiben und dem Schreckgespenst des Todes. Da ist dieses *Aber!!!* nach dem Kreuz. (Ja, lassen Sie mich dies betonen und herausheben, um es ganz fest in Ihrem Sinn zu verankern, meine lieben Leser!) *Aber … Jesus ist von den Toten auferstanden. Er lebt auf ewig. Und er hält den Schlüssel in der Hand, mit dem er alle Fesseln lösen kann, durch welche die Hoffnungslosigkeit Ihre Seele gefangen nehmen will. Jesus hat den Schlüssel, der neue Hoffnung freisetzt!*

Das bedeutet nicht, dass sich im selben Augenblick alles ändert. Es bedeutet aber, dass wir uns wieder etwas erhoffen dürfen und unsere Seele so aus dem Treibsand der Niedergeschlagenheit gerettet wird.

Die Kerze des Glaubens beginnt, die Dunkelheit um uns herum zu vertreiben. Es bedeutet auch, dass sich der Heilige Geist an unsere Seite stellt und uns Frieden schenkt, unseren Blick auf den Glauben und auf Jesus lenkt und uns der ewigen Arme des Vaters versichert, die uns halten, bis wir die Früchte der Gnade Gottes in ihrer Fülle sehen. Dann werden sich auch die Probleme in guter Weise auflösen, die eigentlich das Potenzial haben, uns zu zerstören.

Genau darum geht es in dem Gebet aus Epheser 1,15-23, das uns aufruft, Herz und Augen offenzuhalten und zu erkennen, welche Herrlichkeit die

JESUS IST VON DEN TOTEN AUFERSTANDEN. ER LEBT AUF EWIG. UND ER HÄLT DEN SCHLÜSSEL IN DER HAND, MIT DEM ER ALLE FESSELN LÖSEN KANN, DURCH WELCHE DIE HOFFNUNGSLOSIGKEIT IHRE SEELE GEFANGEN NEHMEN WILL. JESUS HAT DEN SCHLÜSSEL, DER NEUE HOFFNUNG FREISETZT!

Auferstehung Jesu und der Sieg Gottes über all seine Feinde offenbaren. Unser Blick soll wieder frei werden, damit wir erkennen können, *„zu welcher Hoffnung ihr von ihm berufen seid, wie reich die Herrlichkeit seines Erbes für die Heiligen ist"* (Vers 18).

Das ist ein fester Boden, auf dem wir sicher stehen können. Lassen Sie uns gemeinsam ermessen, wie weitreichend die Bedeutung dieser Worte ist, indem wir sie noch einmal zusammenfassen:

1. Jesus starb, um die Macht der Sünde, des Todes und der Hölle zu brechen.

2. Jesus wurde von den Toten auferweckt, um zu zeigen, welche lebendige Kraft in der Hoffnung steckt und dass diese Kraft uns der Erfüllung der Verheißungen Gottes näher bringt.

3. Diese Kraft – die Leben schenkt, die Niederlage in Sieg verwandelt, dem Satan seine Macht raubt und den Zweifel zerstreut – setzt Gottes herrliches und gnädiges Wirken in Gang, mit dem er uns zu Hilfe eilt.

4. An einem hoffnungslosen Tag gesellt sich der Heilige Geist an unsere Seite, um uns zu helfen und zu ermutigen, zu trösten und gewiss zu machen und um uns zu führen und zu leiten – während wir an der Hoffnung festhalten.

Denken Sie darüber nach und machen Sie sich dabei bewusst, was Gottes Wort uns zusagt: „Die Hoffnung lässt uns niemals zuschanden werden, denn sie trägt uns durch all unsere Mühen und Prüfungen. Zugleich wird der liebevolle Geist Gottes über uns ausgegossen, um uns in diesem Prozess zu halten und unsern Glauben zu vertiefen" (nach Römer 5,3-5). Das war der felsenfeste Grund, auf dem ich an jenem düsteren Morgen stand, von dem ich ganz am Anfang berichtet habe. Nun bin ich mit Ihnen den Weg durch die Seiten dieses Buches gegangen und möchte ganz am Schluss wieder mit einem sehr persönlichen Erlebnis schließen. Es soll zeigen, wie wichtig es Gott ist, dass wir eines begreifen – nämlich dass die Gegenwart des Heiligen Geistes, den Gott uns verheißen hat, in den harten Zeiten des Lebens etwas ganz Reales ist.

Im ersten Kapitel hatte ich berichtet, wie mein geliebter Schwiegersohn, Scott Bauer, aufgrund eines Aneurysmas zusammengebrochen war und wie ich – nur wenige Stunden später – an jenem Freitagmorgen vom Erzfürsten der Hoffnungslosigkeit – von Satan, dem Feind unserer Seelen – so heftig angegriffen wurde.

Lassen Sie mich nun erzählen, wie dieser Freitagmorgen weiterging. Etwa eine Viertelstunde, nachdem ich aufgestanden war, erfasste mich die volle Lebensenergie der gewaltigen inneren Kraft, die mir durch den Frieden Gottes zuteil geworden war. Ich zog mir den Morgenmantel über und ging nach draußen, um wie so oft die Zeitung hereinzuholen und anschließend zu beten.

Es war eine wunderschöne Morgenstimmung. Die Sonne stieg gerade über den hohen Ahornbäumen hoch, die unsere Straße säumten, und tauchte ihre herbstlich gefärbten Blätter in einen leuchtend rotgoldenen Glanz. Gottes Zusage klang mir wieder im Ohr: *„Ich will den Herbst deines Lebens segnen."*

Ich fühlte mich auf wunderbare Weise erholt und gestärkt durch den Frieden Gottes, der mich von allen Seiten umgab und über alles Verstehen hinaus trug. Ich hatte alles in die Hände Jesu gelegt, und auf einmal hatte sich dieser ansonsten düstere Tag in eine sonnendurchflutete Bühne der Hoffnung verwandelt – einer Hoffnung jenseits aller menschlichen Vernunft, einer lebendigen Hoffnung trotz des sterbenden Schwiegersohns. Doch was sich als nächstes ereignete, ist schon beinahe wunderbar und nur schwer zu erklären.

Ich neige dazu, niemandem davon zu erzählen, was dann geschah – aus gutem Grund: Ich möchte einfach nicht für abergläubisch oder naiv gehalten werden. Denn das bin ich nicht. Doch es ist einfach so, dass Gott auf sehr persönliche Weise antwortet, wenn wir ihn mit offenem Herzen suchen – und das lässt sich anderen oft nur schwer mitteilen.

Ich muss dabei an Sheldon Vanauken denken, der C. S. Lewis gegenüber davon sprach, er habe den Eindruck, Gott habe einen Regenbogen absichtlich so im Himmel platziert, dass er dadurch getröstet wurde, als er nach dem Ableben seiner Frau aus dem Krankenhaus nach Hause fuhr. In einem Brief an den großen Professor von Oxford und Cambridge fragte Vanauken, ob Lewis ihn für irrational hielte, weil er glaubte, diese Erscheinung sei von Gott speziell für ihn zu diesem Zeitpunkt und in dieser Weise arrangiert worden. Vanauken spricht davon, dass er dadurch ermutigt und mit neuer Hoffnung gestärkt worden sei. Ich will die Antwort, die C. S. Lewis dem verwaisten Mann gab, nur kurz zusammenfassen: Er hielt es für durchaus vernünftig anzunehmen, Gott könne sich – sein Herz, seinen Willen und seine Macht – auf eine so persönliche Weise offenbaren (und gleichzeitig viele andere Dinge tun). Außerdem empfand Lewis eine große Freude darüber, dass Gott so zärtlich und gnädig mit uns umgeht.[1] Gestärkt von diesem Hinweis möchte ich nun also sowohl meine Geschichte als auch dieses Buch zu Ende führen und wünsche mir sehr, Sie an Ihren hoffnungslosen Tagen zu neuer Hoffnung ermutigen zu können.

Während ich also, wie gesagt, kurz nach dem Aufstehen vor die Haustür trat und über den Rasen im Vorgarten zu der Stelle ging, wo der Zeitungsjunge die Zeitung hingeworfen hatte, brachte mich ein beinahe beiläufiger Gedanke zum Schmunzeln.

In den mehr als 25 Jahren, die wir nun schon in diesem Haus leben, gab es so manchen Tag, an dem ich dort vor dem Haus stand und in der Stille des Morgens leise betete, und dann geschah etwas, das wie Zufall aussah: Einige Tauben ließen sich auf unserem Dach oder in den Wipfeln unserer Bäume nieder, um von dieser erhöhten Position aus die ersten Sonnenstrahlen einzufangen. Unzählige Male war das schon so gewesen.

---

1 vgl. Sheldon Vanauken, *A Severe Mercy*. San Francisco, 1977

Aber zu manchen Zeiten – Tage, die anders waren, an denen besondere Ereignisse bevorstanden – kam es mir so vor, als habe der Heilige Geist es so arrangiert, dass die Tauben auf unser Dach kamen, um mir sanft, aber unmissverständlich zu zeigen, dass er mein Gebet gehört hatte. (Die Taube gilt ja als ein Bild für den Geist Gottes.) Ich brauche diese Augenblicke nicht, um am Glauben festhalten zu können, und ich suche auch keine übernatürliche Wahrnehmung. Doch gibt es keinen Grund, diese „besondere Fürsorge", die ich in diesen Momenten empfing, abzuweisen. (Lassen Sie mich nebenbei noch einmal wiederholen, dass es hunderte Male gab, wo die Tauben auftauchten und ich es nicht als Vorsehung empfand.)

Doch an diesem besonders herausfordernden Morgen flüsterte ich, während ich mich zur Zeitung herunterbeugte, mit einem Lächeln im Herzen: „Herr, dein Friede ist gerade so wunderbar – da wäre es wirklich schön, wenn gerade jetzt eine Taube käme."

Ich erhob mich, drehte mich um und blickte zum Haus und zu den Bäumen hinüber. Keine Tauben. … Dann musste ich wieder lächeln (diesmal vor allem über mich selbst), und betete mit einem leisen Schmunzeln: „Jesus, selbst wenn gerade keine Tauben da sind, so bist du auf jeden Fall hier, und ich danke dir für den Frieden, den du mir geschenkt hast."

Und dann geschah etwas Unbeschreibliches – bis heute empfinde ich es als etwas Erstaunliches, Einzigartiges und tief Bewegendes.

Genau in diesem Augenblick wurde ein deutlicher und unerklärlicher Windhauch in den Bäumen vor unserem Haus spürbar – eine Brise, die nicht natürlich entstanden zu sein schien, aber wunderschön war. Mit einem sanften, anhaltenden Säuseln wurden die Blätter beiseitegeschoben und Sonnenlicht funkelte wie Diamanten durch die Baumkronen. Unbeschreiblich schön. Inmitten all dieser Schönheit und angesichts der offensichtlichen Unwahrscheinlichkeit dieses Geschehens war ich vor Staunen sprachlos. In dem Augenblick hörte ich in meinem Herzen eine klare, sanfte Stimme, die sagte: *„Ich habe noch andere Wege, um dir meine Gegenwart zu zeigen."*

Diese Stimme war so real, so zärtlich, barmherzig und auf den Punkt genau im richtigen Augenblick gesprochen, dass mein Herz einen Freudensprung machte. Ich stand in der Morgensonne, hob die Arme zum Himmel und fing an zu singen:

„Er ist unser Friede, er, der jede Mauer niederreißt! Er ist unser Friede! Er ist unser Friede!"

Dieses Loblied, das ich schon Jahre nicht mehr gesungen hatte, kam mir in den Sinn, und so sang ich weiter – überwältigt von der Freundlichkeit und liebevollen Fürsorge des Vaters für mich:

„All eure Sorge werft auf ihn, denn er sorgt für euch. Er ist unser Friede. Er ist unser Friede." So geht dieses Lied weiter und besingt die Zusagen, die Gott uns in seinem Wort schon vor Jahrhunderten durch den vom Heiligen Geist inspirierten Apostel Petrus gegeben hat: *„Gott widersteht den Hochmütigen, aber den Demütigen gibt er Gnade. So demütigt* euch nun unter die gewaltige Hand Gottes, damit er euch erhöhe zu seiner Zeit. Alle eure Sorge werft auf ihn; denn er sorgt für euch" (1. Petrus 5,5-7).

Und so war es auch. Und so will ich es erzählen – in aller Umsicht, aber doch auch mit dem angemessenen Mut.

Umsichtig, weil ich nicht andeuten möchte, es sei unser Recht, Gott um Zeichen zu bitten; mit dem angemessenen Mut aber insofern, als ich bezeugen möchte, dass es Momente gibt, in denen Gott aus freien Stücken beschließt, uns ein Zeichen zu geben.

Umsichtig, weil ich nicht möchte, dass irgendjemand glaubt, von Gott weniger geliebt zu sein, nur weil er an seinen schweren Tagen kein Zeichen empfangen hat. Und doch mit dem angemessenen Mut, weil ich unüberhörbar verkünden möchte, dass uns das größte aller Zeichen schon gegeben wurde: *Jesus lebt!*

Dieselbe Kraft, die ihn von den Toten auferweckt hat, wirkt heute in Ihre Lebenssituation hinein – sie ist für Sie da, um Sie aus aller Hoffnungslosigkeit herauszuholen und Sie in die hoffnungsvolle Gegenwart Christi zu führen!

Richten Sie Ihren Blick auf ihn, Sie geliebtes Kind Gottes!

So wie wir von Jesus am Kreuz lernen durften, so dürfen Sie nun Ihren Blick auf seinen himmlischen Thron richten. Dort wartet er, der auferstandene und in den Himmel aufgefahrene Erlöser bereits auf uns, damit wir ebenso von seiner Auferstehung lernen können!

Jeder hoffnungslose Tag ist nur ein Freitag, und Freitage gehen vorbei. Und mögen Sie uns auch einen Samstag bescheren, den wir wartend und möglicherweise trauernd verbringen, so ist doch auch der Samstag nicht der letzte Tag in Gottes Wochenablauf, sondern nur die Tür, die uns zum Sonntag führt. Und *jeder* Sonntag ist dazu geschaffen, uns daran zu erinnern: „Weil Jesus lebt, kann ich mich jedem neuen Tag stellen!"

Das ist keine bloße Poesie – hier geht es um eine Zusage, die für jeden Tag gilt, den man von den äußeren Umständen her als „hoffnungslos" bezeichnen würde. In diesem Geist verkünden wir laut: „In Jesu Namen – im Namen meines Erlösers, zu dem ich meinen Blick erhebe und den ich bekenne und lobe – und mutig im Glauben an den Sieg seines Kreuzestodes, verankert in der Hoffnung auf die Herrlichkeit seiner siegreichen Auferstehung, gebe ich diesem Tag heute einen neuen Namen: Ich bekenne ihn als *einen Tag voller Hoffnung!"*

Ein Gebet, mit dem Sie Christus als Herrn und Heiland in Ihr Leben einladen können

Möglicherweise haben Sie das ganze Buch gelesen, ohne die Gewissheit einer persönlichen Gottesbeziehung gefunden zu haben. Falls das so ist, finden Sie in diesem Anhang ein Gebet, das Sie nun sprechen können.

Dieses Gebet soll Ihnen helfen, ohne Umschweife und gemäß der Zusage Gottes in seinem Wort zu beten. Denn er hat uns durch Jesus Christus die Erlösung zusagt. Sollten Sie ihn noch nicht in Ihr Leben eingeladen und gebeten haben, Ihr Erlöser zu werden, so dürfen Sie gewiss sein, dass er jetzt da ist, um Ihre Bitte zu hören.

Bitte erlauben Sie mir, Ihnen diese Einladung auszusprechen. Beugen Sie einfach den Kopf oder knien Sie nieder, wenn es Ihnen möglich ist, und erlauben Sie mir, Ihnen bei diesem Gebet zu helfen.

Zunächst formuliere ich ein einfaches Gebet, anschließend finden Sie einige Worte, die ich angefügt habe, damit Sie selbst im Gebet zu Jesus gehen können.

Mein Gebet

Lieber himmlischer Vater, ich darf mich hier jetzt mit diesem deinem Kind im Gebet eins machen. Ich danke dir dafür, dass sein Herz offen ist für dich, und will dich preisen für deine Zusage, dass du uns antwortest, wenn wir zu dir rufen.

Ich weiß, dass dieses Herz von einer ehrlichen Sehnsucht erfüllt ist und nun mit dir ins Gespräch kommen möchte. Darum kommen wir zu dir im Namen und durch das Kreuz deines Sohnes, unseres Herrn, Jesus Christus. Danke, dass du uns erhörst.

Nun möchte ich Sie bitten, Ihr Gebet zu sprechen. Nur Mut, er hört Ihnen zu!

Ihr Gebet

Lieber Gott, ich spreche dieses Gebet, weil ich an deine Liebe zu mir glaube. Und so komme ich zu dir und bitte, dass du auch zu mir kommen mögest. Bitte hilf mir jetzt.

Zunächst danke ich dir, dass du deinen Sohn Jesus auf diese Welt gesandt hast, damit er für mich den Tod am Kreuz auf sich nimmt. Ich danke dir für das Geschenk der Vergebung aller meiner Schuld, das du mir nun anbietest. Ja, ich bitte um diese Vergebung.

Vergib mir und reinige mein Leben, damit ich rein vor dir stehen kann durch das Blut Jesu Christi. Ich bereue, was ich getan habe – alles was in deinen Augen keinen Bestand hat. Bitte nimm du alle Schuld und alle Scham von mir. Ich nehme das Opfer Jesu für mich in Anspruch – dass er für meine Sünden bezahlt hat und dass mir nun durch ihn die Vergebung zuteilwird,

heute hier auf Erden und in Ewigkeit in deinem himm-
lischen Reich.

Ich bitte dich, Herr Jesus, komm du nun in mein
Leben. Weil du von den Toten auferstanden bist, weiß
ich, dass du lebst. Und ich will mit dir leben – heute
und in alle Ewigkeit.

Ich übergebe dir mein Leben. Ich wende mich ab
von meinen eigenen Wegen und lasse mich von dir lei-
ten. Ich lade deinen Heiligen Geist ein, mich zu erfül-
len und mich in ein Leben zu führen, das dem Vater
im Himmel Freude macht.

Danke, dass du mich erhörst. Von heute an gehört
mein Leben Jesus Christus, dem Sohn Gottes. In Jesu
Namen, Amen.

Ein Gebet, mit dem Sie den Herrn einladen können, Sie mit seinem Heiligen Geist zu erfüllen

Lieber Herr Jesus,

ich danke dir für deine Liebe und preise deine Treue zu mir. Mein Herz ist voller Freude, wenn ich an das Geschenk deiner Erlösung denke, das du mir so bereitwillig zuteilwerde ließest.

In aller Demut komme ich vor dich, um deinen Namen zu verherrlichen, Herr Jesus. Denn du hast mir alle meine Schuld vergeben und mich zum Vater gebracht. Nun folge ich deinem Ruf.

Ich will deinen Heiligen Geist in der Fülle empfangen – nicht weil ich besonders würdig bin, sondern weil du mich einlädst, zu dir zu kommen.

Denn du hast mich von meinen Sünden reingewaschen und so mein Leben zu einem würdigen Gefäß für deinen Heiligen Geist gemacht.

Ich möchte die überfließende Fülle deines Lebens, deiner Liebe und deiner Kraft erfahren, Herr Jesus.

Ich will ein Zeugnis deiner Gnade, deiner Worte, deiner Güte und deiner Gaben sein – für jeden Menschen, dem ich dies bezeugen kann.

Und so bitte ich dich in kindlichem Glauben, Herr Jesus: Fülle mich mit deinem Heiligen Geist. Ich öffne mich dir ganz, um dich in mich aufzunehmen.

Ich liebe dich, Herr, und preise deinen Namen.

Deine Kraft und deine Wunder sollen offenbar werden – zum Lobe deiner Herrlichkeit.

Am Ende dieses Gebetes fordere ich Sie bewusst nicht auf, Amen zu sagen, denn es ist gut, wenn Sie Gott im Glauben zu loben beginnen, nachdem Sie ihn gebeten haben, Sie zu erfüllen. Loben Sie Jesus Christus und beten Sie ihn an – der Heilige Geist wird Ihnen dabei helfen. Er wird sich als der offenbaren, der Christi Herrlichkeit groß macht, und Sie können ihn bitten, Ihnen die Gegenwart und Macht des Herr Jesus Christus zu zeigen. Zögern Sie nicht, Großes zu erwarten – auch Sie können Dinge erleben, wie sie die Menschen in der Bibel erfahren haben. Der Geist der Anbetung ist eine angemessene Weise, dieser Erwartung Ausdruck zu verleihen. Durch das Lob machen Sie Jesus zum Zentrum Ihrer Aufmerksamkeit. Preisen und erheben Sie ihn, den Rest wird der Heilige Geist dazutun.

Da Sie nun Jesus als Ihren Erretter angenommen haben, möchte ich Sie ausdrücklich ermutigen, eine christliche Gemeinde zu suchen, in der Gott angebetet und gesucht wird, die Gottes Wort schätzt und die von vertrauenswürdigen Menschen geleitet wird. Fragen Sie danach, getauft zu werden, wie es Jesus angeordnet hat. Erwarten Sie, dass Sie gemäß dem göttlichen Versprechen mit dem Heiligen Geist erfüllt werden, seine Kraft werden Sie in Ihrem Leben brauchen und Sie werden mit seiner Hilfe im Willen Gottes wachsen. Und noch mal: Am besten wachsen Sie geistlich in einer christlichen Gemeinschaft.

Die passenden CD zum Buch:

Gesegnete Menschen

Segenslieder für alle Generationen

Was gibt es Schöneres, als ein Segenslied zu hören oder zu singen? Segnen und ein Segen sein, diese Lieder sind eine große Hilfe. Für alle Generationen sind Lieder dabei, vom Baby bis zum fortgeschrittenen Lebenslauf. Diese CDs bleiben immer aktuell.

CD 1   52 05436
CD 2   52 05437

Erhältlich im Buchhandel oder direkt bei:
cap-books • 72221 Haiterbach-Beihingen • Tel.: 07456-9393-0
info@cap-music.de • www.cap-music.de

Jack Hayford

Gesegnete Kinder
Damit Kinder glücklich aufwachsen

Wenn Kinder unter dem Segen Gottes aufwachsen, haben sie beste Voraussetzungen, um alle ihre Fähigkeiten und Potenziale zu entwickeln. Der Segen Gottes begleitet und stärkt unsere Kinder, sie erfahren dadurch bleibende Werte. Viele Eltern, Großeltern und Mentoren wollen, dass Kinder in einer gesegneten Atmosphäre aufwachsen. Dieses Buch will helfen und unterstützen. Jack Hayford beschreibt aus seiner reichen Bibel- und Lebenserfahrung heraus, wie es uns gelingen kann, die Leben unserer Kinder mit Ermutigung, Schutz und gesunder Herausforderung zu stärken. Damit Kinder in der Liebe Jesu aufwachsen.

178 Seiten, Paperback
Buch 52 50436

Jack Hayford

Ich sehe dich im Himmel

Viele Fragen bewegen uns, wenn ein Kind stirbt oder nicht lebend zur Welt kommt. Es gibt Antworten. Aus Gottes Wort sprudelt eine Quelle voll ewiger Weisheit. Dort ist Hoffnung und sicheres Wissen über ein Wiedersehen zu finden. Gott schenkt Eltern Trost im Raum der Trauer. Als König David sein Kind verliert, sagt er: „Ich sehe dich im Himmel".
Ein Buch für Betroffene und Freunde.

Dem Buch beigelegt ist eine kleine CD mit dem trostvollen Lied „Ich halte dein Herz".

114 Seiten, Paperback
Buch 52 50435